高等院校网络教育系列教材

素质修养与人生

——思想道德修养导论

SUZHI XIUYANG
YU RENSHENG

卢 杨／主编

華東理工大學出版社
EAST CHINA UNIVERSITY OF SCIENCE AND TECHNOLOGY PRESS
·上海·

图书在版编目(CIP)数据

素质修养与人生:思想道德修养导论 / 卢杨主编. —上海:华东理工大学出版社,2015.2（2018.3 重印）

ISBN 978-7-5628-4139-5

Ⅰ.①素… Ⅱ.①卢… Ⅲ.①思想修养—高等学校—教材 Ⅳ.①G641.6

中国版本图书馆 CIP 数据核字(2015)第 008654 号

高等院校网络教育系列教材

素质修养与人生——思想道德修养导论

主　　编 / 卢　杨
策划编辑 / 刘　军
责任编辑 / 秦静良
责任校对 / 张　波
封面设计 / 戚亮轩
出版发行 / 华东理工大学出版社有限公司
　　　　地　址:上海市梅陇路 130 号,200237
　　　　电　话:(021)64250306(营销部)
　　　　　　　　(021)64252405(编辑室)
　　　　传　真:(021)64252707
　　　　网　址:press.ecust.edu.cn
印　　刷 / 常熟华顺印刷有限公司
开　　本 / 787 mm×1092 mm　1/16
印　　张 / 9.25
字　　数 / 225 千字
版　　次 / 2015 年 2 月第 1 版
印　　次 / 2018 年 3 月第 4 次
书　　号 / ISBN 978-7-5628-4139-5
定　　价 / 32.00 元

联系我们:电子邮箱 press@ecust.edu.cn
　　　　　官方微博 e.weibo.com/ecustpress
　　　　　淘宝官网 http://shop61951206.taobao.com

華東理工大學出版社
扫描进入手机淘宝网店

序 PREFACE

网络教育是依托现代信息技术进行教育资源传播、组织教学的一种崭新形式，它突破了传统教育传递媒介上的局限性，实现了时空有限分离条件下的教与学，拓展了教育活动发生的时空范围。从1998年9月教育部正式批准清华大学等4所高校为国家现代远程教育第一批试点学校以来，我国网络教育历经了若干年发展期，目前全国已有68所普通高等学校和中央广播电视大学开展现代远程教育。网络教育的实施大大加快了我国高等教育的大众化进程，使之成为高等教育的一个重要组成部分；随着它的不断发展，也必将对我国终身教育体系的形成和学习型社会的构建起到极其重要的作用。

华东理工大学是国家“211工程”重点建设高校，是教育部批准成立的现代远程教育试点院校之一。华东理工大学网络教育学院凭借其优质的教育教学资源、良好的师资条件和社会声望，自创建以来得到了迅速的发展。但网络教育作为一种不同于传统教育的新型教育组织形式，如何有效地实现教育资源的传递，进一步提高教育教学效果，认真探索其内在的规律，是摆在我们面前的一个新的、亟待解决的课题。为此，我们与华东理工大学出版社合作，组织一批多年来从事网络教育课程教学的教师，结合网络教育学习方式，陆续编撰出版了一批包括图书、课件光盘等在内的远程教育系列教材，以期逐步建立以学科为先导的、适合网络教育学生使用的教材结构体系。

掌握学科领域的基本知识和技能，把握学科的基本知识结构，培养学生在实践中独立地发现问题和解决问题的能力是我们组织教材编写的一个主要目的。系列教材包括了计算机应用基础、大学英语等全国统考科目，也涉及了管理、法学、国际贸易、机械、化工等多学科领域。

根据网络教育学习方式的特点编写教材，既是网络教育得以持续健康发展的基础，也是一次全新的尝试。本套教材的编写凝聚了华东理工大学众多在学科研究和网络教育领域中有丰富实践经验的教师、教学策划人员的心血，希望它的出版能对广大网络教育学习者进一步提高学习效率有帮助和启迪。

华东理工大学副校长 涂善东

前言

"思想道德修养"课是高等学校思想政治理论课课程体系的重要组成部分，是帮助大学生提高思想道德修养的重要课程。本课程以马克思主义为指导，以正确的世界观、人生观、价值观和道德观教育为主要内容，把社会主义核心价值观贯穿于教学的全过程，通过理论学习和实践体验，帮助学生形成崇高的理想信念，弘扬伟大的爱国主义精神，确立正确的人生观和价值观，全面提高思想道德修养。

根据网络教育学习方式的特点编写教材，是本教材编写的宗旨。概括而言，本教材有以下三个特点。

第一，针对教学对象特点进行编写。本教材注重联系网络教育学院学生的特点，在保持理论体系整体结构的基础上，逻辑上力图简洁，形式上力图活泼，以尽量适应网络教育学院学生自主学习的特点。

第二，教学内容突出整体性和系统性。在教学内容上，本教材按照大纲要求，将原教材内容进行整合，将其从十一章（2009年版）缩减为七章，适合在职人员于零散时间学习。教材取消了普及教材小结式的编排，每章以三级目录为基本结构框架，使得教学内容集中精炼，重点明确突出，要点简明扼要，突出了教学内容的系统性和整体性。

第三，突出案例教学，注重理论与实践的结合。在教材编写过程中，为增加内容的知识性和趣味性，在相应章节加入大量案例。这样既体现了理论与实践的密切结合，便于学生掌握基础理论，又能吸引学生主动学习，以兴趣引导阅读。同时，本书每章末尾都设置了自测环节，帮助学生及时了解对重点知识的掌握程度。

"思想道德修养"是一门融思想性、政治性、知识性、综合性和实践性于一体的课程，其涉及的内容十分广泛，现实性、针对性都很强。只有明确学习这门课程的重要意义，掌握科学的学习方法，坚持理论联系实际，达到学以致用，才能取得良好的效果。总之，希望通过对本教材的学习，同学们能掌握这门课程的基本知识点，并结合自身的思想、工作、学习和生活实际来感受理论的魅力，进而真正提升自身的思想道德修养。

目录

CONTENTS

第一章 人生新阶段 开拓新境界

一个人的成长过程，不仅是肌肉和体格的增强，而且随着身体的发展，精神和心灵也同时扩大。

——(英)莎士比亚

大学阶段是人生发展的重要时期，是世界观、人生观和价值观形成的关键时期。怎样处理好理想与现实、个人与集体、竞争与合作、权利与义务、自由与纪律、友谊与爱情、学习与工作之间的关系，做什么样的人，怎样做人，什么样的生活才有意义，怎样的人生追求才有价值……这一系列的人生课题，都需要我们去观察、思索、选择和实践，同时也需要进行思想教育和理论引导。

一、适应人生新阶段

远程教育已经成为高等教育的一个重要组成部分，它的实施大大加快了我国高等教育的大众化进程，对我国终身教育体系的形成和学习型社会的构建起到了极其重要的作用。

进入大学，莘莘学子满怀希望和憧憬，人生的历程将翻开新的一页，人生的道路将跨入新的阶段。

1. 远程教育学习方式的特点

现代远程教育也被称为网络教育，是现代信息技术应用于教育后产生的新概念，即运用网络技术与环境开展的教育。

远程教育突破了时空的界线，有别于传统意义上安坐于教室上课的教学模式。由于不需要到特定地点上课，学生可以随时随地地上课，可以通过电视广播、互联网、辅导专线、课研社、面授(函授)等多种渠道互助学习。就当前社会发展的态势而言，知识更新的速度越来越快，导致在职人员的工作压力加大，生活节奏加快，以至于多数在职人员没有时间去学校接受教育，但他们又普遍有较强的求知欲，想通过各种途径为自己“充电”，以增强自身竞争力，适应未来新环境的挑战，因此，远程教育就成为他们的理想选择，并将影响更多人的生活。

远程教育学习方式有以下几大特点：

突破时空限制。远程教育在真正意义上突破了学习的时空局限性，它使任何一位学员，可以在任何有条件的地点，按自己拟定的计划学习任何一门课程，而且可以从课程的任何一个章节进入学习状态。学员可随时从网上下载相关学习信息，也可以通过 BBS、E-mail、网上实时聊天工具以及电话等通信手段向老师和同学请教，真正实现随时随地进行学习。远程教学为所有学习者提供的是统一、开放的教学内容，学习者不受职业等条件的限制，全体社会成员均可获得平等的教育机会。

教学模式从"以教为主"转变为"以学为主"。远程教学带来了教学模式的根本变革，它把传统的"以教为主"的教学方式转变为"以学为主"。个体化的自主学习、网上协作学习和多种形式的教师辅导，有利于培养学员的自学能力，促进学习者由被动式学习向主动式学习的转变。

个性化教学和极强的交互性。远程教学可以针对每位学习者的实际情况，真正实现因材施教，并可以进一步发展为按"个性化"原则来组织教学。远程教学的交互性是近乎实时的、交互式的，它扬弃"老师讲学生听"的班级教学方式，代之以人机互动、小组讨论和多种形式的教师辅导。

虚拟现实技术。远程教育利用计算机虚拟现实技术，可以虚拟地建立起与真实环境相近的学习场景，提供虚拟的动手活动和语言学习环境，并模拟各种实验、实习等，能够使学员们"足不出户"便可前往博物馆、科技中心、教学课堂或工厂参加"实际的"现场实习，接受情境教学。

更有效地利用教学资源。远程教育可以使各种教育资源通过互联网远距离传输，超出校园范围。从事远程教育的学校可以凭借学科优势和教学资源优势，组织优秀教师制作网络课件，将多年积累的教学经验和最新的教学成果通过互联网传送到四面八方，在扩大教育规模的同时，可以让所有学员受到同等的高质量教育。此外，互联网提供了丰富的学习资源，网上学习内容的更新速度也是传统的纸质教材所无法比拟的。

自动化的教学管理。利用信息数据库管理技术和具备双向交互功能的教学管理软件，可以实现网上咨询、报名、交费、选课、查询等功能。作业与考试管理、学籍管理通过教学管理系统软件也可快速、准确地完成。此外，教学管理系统软件还可以按照管理人员的指令对学员进行提问、布置作业，并对考试的情况加以系统分析，自动进行教学情况和效果的评估。

走向终身教育。在以信息技术为核心的知识经济时代，学习成为生存的必备条件，学校内的学习属于就业前的"职前教育"。随着科技的进步，人们就业后还需要不断进行"职后教育"。今后的教育不再是一次性的学校教育，远程教育是实现终身教育的最佳手段，远程教育的发展有助于建立起一种满足终生学习要求的教育服务体系。

正是由于具备了这些特点和优势，近些年来，我国高校远程教育迅速兴起，并取得了长足的发展。从 1998 年开始至 2013 年，我国有 68 所高等学校陆续开展了网络教育试点工作，并已经形成相当的办学规模。尤其是近几年，随着中国互联网覆盖率越来越高，网络教育用户规模发展也越来越快。2012 年，中国网络教育市场规模达 720 亿元，同比增长 18.03%；2013 年，中国网络教育市场规模超过 900 亿元，同比增长 26.39%。①

① 引自《2013—2018 年中国网络教育市场规模预测及行业分析报告》，中商情报网 www.askci.com。

专题链接

远程教育的兴起与发展[①]

远程开放高等教育起源于19世纪中叶的英国。18世纪后期兴起的产业革命促进了英国社会经济的发展,从而引起对高等专业人才需求的急剧增长,致使英国原有的大学难以适应新形势的要求。1849年伦敦大学首创校外学位制度,这促进了函授教育的发展,各种私立的函授学院,为伦敦大学校外学位的学员提供函授辅导。这是远程高等教育的开端。

进入20世纪后,随着电子信息技术的发展,各种教学媒体陆续出现,远程教育从函授教育形态向多种媒体教学形态发展。20世纪60年代后,在英国创办开放大学成功经验的影响下,世界各地出现了采用多种媒体教学的独立的远程开放教育大学。国际远程开放高等教育已达到相当大的规模。

20世纪90年代后,计算机网络、卫星网络和通信网络的发展,促使远程开放教育将先进的科学技术应用于教学中,在世界范围内,已经出现了院校合作、厂校挂钩和跨国教育等多种教学模式,远程教育系统实现了教育的全球化。

2. 认识大学的特点

远程教育的发展极大地拓宽了教育活动发生的时空范围,为更多的受教育者提供了继续学习的方式和平台。然而,无论远程教育的方式有着怎样的变化,它仍属于高等教育的一个重要组成部分。因此,同学们在学习期间,应更好地借助高等院校的资源,从而更加有效地实现自身专业知识、全面素质的提升。

进入远程教育学习阶段,我们首先应该认识大学的特点,进而充分地利用相关资源为自身发展服务。

大学是知识的海洋。这里有浩瀚的图书资料和先进的仪器设备,能使同学们接触广博的知识,培养必要的专业技能。掌握获取知识的本领,学会在知识的海洋中畅游冲浪,是大学阶段的主要任务,也是同学们顺利成长成才的重要基础。

大学有教书育人的良师。这里聚集着众多学者和专家,他们精通本专业的基础理论,了解最新的学术成果,具有丰富的科研实践经验,熟悉教育教学的客观规律。在这些良师的指导下,通过系统的教学活动和严格的科学训练,同学们可以系统准确地掌握基础知识和专业技能,接近学科前沿,提高专业能力尤其是专业创造能力。同时,通过老师的言传身教,我们还可以学到做人的道理,培养良好的学风,接受人格的熏陶。

大学有浓厚的学习研究和成才氛围。这里是知识创新、传播和运用的基地,是培育创新精神的摇篮,是接受人文精神和科学精神熏陶的园地。引领学术风气,促进思想交流,陶冶品德操守,建设精神文明,是大学灵魂之所在。同学们在广泛汲取各种新的思想和学术

---

① 引自中国远程教育网 http://www.njrtvu.com/zxzy/ycjyzs01.htm.

成果的同时，可以有意识地训练自己的理论思维能力，培养实践操作能力和探索创新能力，为树立正确的世界观、人生观和价值观奠定基础。

专题链接

大学之道①

大学之道，在明明德，在新民，在止于至善。知止而后有定，定而后能静，静而后能安，安而后能虑，虑而后能得。物有本末，事有终始，知所先后，则近道矣。古之欲明明德于天下者，先治其国；欲治其国者，先齐其家；欲齐其家者，先修其身；欲修其身者，先正其心；欲正其心者，先诚其意；欲诚其意者，先致其知；致知在格物。物格而后知至，知至而后意诚，意诚而后心正，心正而后身修，身修而后家齐，家齐而后国治，国治而后天下平。自天子以至于庶人，壹是皆以修身为本。其本乱而未治者否矣，其所厚者薄，而其所薄者厚，未之有也！

译文：大学的宗旨在于弘扬光明正大的品德，在于使人弃旧图新，在于使人达到最完善的境界。知道应达到的境界才能够志向坚定，志向坚定才能够镇静不躁，镇静不躁才能够心安理得，心安理得才能够思虑周详，思虑周详才能够有所收获。每样东西都有根本有枝末，每件事情都有开始有终结。明白这本末始终的道理，就接近事物发展的规律了。古代那些要想在天下弘扬光明正大品德的人，先要治理好自己的国家；要想治理好自己的国家，先要管理好自己的家庭和家族；要想管理好自己的家庭和家族，先要修养自身的品性；要想修养自身的品性，先要端正自己的心思；要想端正自己的心思，先要使自己的意念真诚；要想使自己的意念真诚，先要使自己获得知识；获得知识的途径在于认识和研究万事万物。通过对万事万物的认识和研究后才能获得知识，获得知识后意念才能真诚，意念真诚后心思才能端正；心思端正后才能修养好自身的品性，修养好自身的品性后才能管理好家庭和家族，管理好家庭和家族后才能治理好国家，治理好国家后天下才能太平。上自天子，下至平民百姓，人人都要以修养品性为根本。若这个根本被扰乱了，家庭、家族、国家、天下要治理好是不可能的。不分轻重缓急，本末倒置却想做好事情，这也同样是不可能的！

3. 树立新的学习理念

进入大学阶段，同学们应树立新的学习理念。所谓学习理念，即关于学习的理性认识，是人们对于学习所持的理性态度和执着信念。

国际21世纪教育委员会于1996年4月，向联合国教科文组织提交了名为《教育——财富蕴藏其中》的报告。该报告认为，为了实现人的全面发展，教育必须围绕四种基本的学习过程来重新设计和组织。学知识，即学会各种自然科学、社会科学和人文科学知识；学会做事，即学会应用所学的知识，如学会职业技能，以适应未来工作；学会共同生活，即培养在社

① 引自《大学》全文、注释及译文，http://www.3lian.com/zl/2011/03－01/52722.html。

会活动中的参与和合作精神；学会生存，即适应和改变自己的环境。该报告提出的“学会求知”“学会做事”“学会共处”“学会做人”的理念，受到全世界的推崇，理应引起我们的足够重视。

自主学习、终身学习是每一个人的必然选择。它要求我们必须转变学习理念，由应试教育转向自主学习，由单纯学习知识转变为在学习知识的过程中学会学习，变一次性学习为多次学习和终身学习。须知，学校学习只能是基础性的学习，在学校学到的知识难以受用终身，人们可以毕业，可以告别学校，但不能告别学习，这即是传统的学习理念向现代学习理念的转变。因此，在大学学习期间，一方面要搞好学习，取得近期学习效果；另一方面要为继续学习、终身学习奠定基础，取得远期学习效果。未来时代的文盲，不再是不识字的人，而是没有学会学习的人，通常称之为“功能性文盲”。只有学会学习，才能驾驭知识而不是被知识所奴役。

专题链接

教育的永恒性和素质的时代性①

从有人类社会开始就有了教育，而且一直伴随社会的发展而延续发展，从某种意义上讲，教育是永恒的，但各个时代培养的目标是有差异的。教育是以学生的成才作为自己最终的成果，素质教育要求培养高素质的人才，这个高素质是必须符合时代要求的，甚至带有前瞻性的，绝不是滞后的、落伍的素质。因为一个时代有一个时代的特点，一个时代有一个时代对人才的要求。当今时代，知识经济初见端倪，高科技已成为社会生产力的重要组成部分。因此，我们的教育必须紧密把握时代的脉搏，关注社会发展的趋势，从而使我们的学生以较高的素质进入社会，在社会的舞台上能够一展身手，独领风骚。

具体而言，在当今时代，我们的教育要培养的学生素质与过去有什么区别呢？过去的教育更多地着眼于继承，今天的教育更多地着眼于发展与创新。过去的读书人的骄傲似乎是读书破万卷，甚至皓首穷经以为荣。而今天的时代是一个知识爆炸的时代，我们每天所面对的信息可以说是成百上千，所以一个人就是本领再大也只能读一部分的书。而一个人在当今社会要有所作为，被别人承认，他已不能靠显示自己学问多么渊博，知识多么丰富，而必须靠自己的创造、自己的成就。这当然不是说知识不重要，而是说人的创造性和发展比知识更重要。联合国教科文组织在名为《教育——财富蕴藏其中》的报告中指出四种基本的学习，即学会求知，学会做事，学会共同生活，学会生存。这四点看似简单，实际都是走向未来社会的通行证。

进入大学，学习的内容、形式和要求都发生了变化。同学们不仅要努力学习，而且要学会学习；不仅要掌握知识，而且要掌握获得知识的能力；不仅要在学业上不断进步，而且要

① 引自《素质教育传统及其当代思考》，http://www.worlduc.com/blog2012.aspx?bid=6857064。

在综合素质上不断提高。

树立自主学习的理念。自主学习是一种能动的学习。它要求学习主体有明确的学习目的,自觉适应专业要求和社会需要,积极主动地掌握相关知识、技能和方法,使自己真正成为学习的主人。坚持自主学习,离不开教师的指导,但同学们不能被动地接受教师的指导,要有强烈的求知欲和主动性,举一反三,触类旁通,注重对知识的拓展和领悟。在大学阶段,大量的自学时间和自由的学习空间,营造了自主学习的浓厚氛围,也对自主学习理念的培养提出了必然要求。同学们要学会根据教学计划和自身所学专业的特点,合理确定学习目标,科学安排学习时间,掌握正确的学习方法,全面提高自主学习能力。

树立全面学习的理念。学习应该是全面的,同学们不仅要认真学好本专业的知识,而且要学好与专业有关的其他方面的知识,学好有利于提高自身综合素质的各方面知识。学习不仅是学习知识,更为重要的是掌握科学方法,培养探索求知的热情,学会如何收集、处理、选择和管理信息,学会分析、解决理论和实际问题。学习不仅是掌握课堂知识、向书本学习,还要向实践学习、向生活学习,锻炼动手能力,提高实践本领,学会关心他人、尊重他人,学会与他人合作,学会按照道德准则和法律规范做人处事。

树立创新学习的理念。创新学习是一种以求真务实为基础,采取创造性方法,积极追求创造性成果的学习。树立创新学习的理念,首先要脚踏实地,打下扎实的专业根底;同时又要善于思考,勇于开拓,不断激发自己的创新意识,敢于突破陈旧的思维定式,努力从事探索活动,培养创新精神。社会的发展和未来的事业,要求同学们自觉培养创新学习的能力。在学习过程中,不仅要善于组合、加工、消化已有知识,而且要力求有所发现、有所发明、有所创造。要破除迷信、解放思想,勇敢地追求真理,掌握客观事物发展规律,养成科学的创造性思维的习惯,为将来的工作打下良好的基础。

树立终身学习的理念。当今世界,科技发展日新月异,知识、信息的更新和增长空前快速。我们已经进入了终身学习的时代,要树立终身求知、终身学习的理念,不断学习新知识、获得新本领,以适应社会发展的要求。在大学阶段,同学们要学习和掌握专业基础知识,同时要为今后继续学习、终身学习奠定良好基础。

专题链接

知识与能力的区别和联系[①]

知识是人们在改造世界的实践中所获得的认识和经验的总和。能力是人们在具体实践活动中表现出的能够成功地达到既定目标的主观条件。能力是一种个性心理特征。从形式上看,它是在个体身上固定下来的概括化的东西。知识是对客观现实的反映,是对相应经验的概括。由于两者概括化的性质不同,它们迁移的程度也不一样,前者迁移范围窄,后者迁移范围较广。

① 引自《知识与能力的关系》,http://www.worlduc.com/blog2012.aspx?bid=7724316。

其次，一个人的知识可以随着年龄的增长而不断积累，但一个人的能力却与此不同，在人的一生中，能力随着年龄的增加有一个从形成、发展到衰退的过程。知识和能力虽然不同，但又是相互联系、相互转化的。能力是掌握知识的必要前提，没有最起码的感受力和记忆力，感性知识就无法接受；没有一定的比较、抽象和概括能力，理性知识也难以领会。所以，能力的高低会影响掌握知识及技能的快慢、深浅、难易和巩固的程度。反过来，掌握知识的过程也会影响能力的发展。

4. 培养优良学风

对大学生来说，学习是大学生活的中心内容。只有学风端正，才能充分利用大学期间的宝贵时光，学到扎实的知识，掌握真正的本领，培养创造精神，才能成为国家未来建设的宝贵人才，在工作岗位上有所成就、有所贡献。从这个意义上说，优良的学风是同学们终身受益的宝贵财富。

养成优良学风，应在勤奋、严谨、求实和创新上下功夫。

勤奋。就是要发奋努力、不畏艰难、锲而不舍、永不懈怠。优良的学业是辛勤汗水的结晶，突出的成就只有通过刻苦学习和拼搏才能获得。唐代文学家、思想家韩愈有句名言："业精于勤，荒于嬉；行成于思，毁于随。"大学学习系统性和专业性的特点，在广度和深度上增加了学习的难度，这就要求同学们要有坚韧不拔、持之以恒的精神，让勤奋学习成为青春远航的动力。

严谨。就是要一丝不苟、认真负责，做到严肃、严格、严密。严谨是指认真的学习态度和扎实的学习作风，反对学习上轻率浮躁、马虎应付的态度；严格是指对知识的掌握要弄懂弄通，对技术的掌握要严守规范，反对粗制滥造和不求甚解，反对急功近利和投机取巧；严密是指对学习、对生活、对工作要严谨细致、精益求精，包括在学习的安排上要周全有序，有条不紊地妥善处理学习中的各种关系。要坚决抵制急功近利的浮躁之风，坚决抵制违反科学和学术道德的不良风气，做一个有科学道德和学术道德的人。

求实。就是要脚踏实地，求真务实，不轻信，不弄虚作假，不贪图虚名。"知之为知之，不知为不知"，对于每位同学来说，要培养扎实打基础、老实做学问的学风，不驰于空想，不骛于虚声。谦虚是求实的必然要求，只有虚怀若谷，才能博采众长，掌握更加丰富的知识。同学们要培养像大海一样宽广的胸怀，谦虚谨慎，戒骄戒躁，永远保持一种积极奋发、昂扬进取的精神状态。

创新。就是要不拘陈规，敢为人先，进行创造性的学习和思维。对于同学们来说，不仅要认真学习，善于思考、掌握、加工和消化已有知识，还要敢于突破陈旧的思维定式，勇于开拓，力求有所发现、发明和创造，不断激发自己的创新意识，培养创新精神和创造性思维。

党和国家提出了建设创新型国家的宏伟蓝图，同学们作为今后几十年社会各条战线的骨干，更需要自觉培养勇于创新的品质和才干，要在实现这一宏伟蓝图中发挥重要作用，必须打下扎实的理论和专业基础，不断提高和拓展自己的创新能力，在祖国各个建设岗位上贡献自己的聪明才智。

专题链接

鲁迅刻"早"①

鲁迅的书桌上刻着一个小小的"早"字。字横着，很像一个还没开放的花朵，又像一支小小的火把。这个"早"字有一段来历：鲁迅的父亲害了病，鲁迅一面上私塾读书，一面帮着母亲料理家务，几乎天天奔走于当铺和药铺之间，把家里的东西拿到当铺去换了钱，再到药铺去给父亲买药。有一天早晨，鲁迅上学迟到了。教书认真的寿镜吾老先生严厉地对他说："以后要早到！"鲁迅默默地回到座位上，就在那张旧书桌上刻了个"早"字，也把一个坚定的信念深深地刻在心里。从那以后，鲁迅上学再也没有迟到过，而且时时早，事事早，毫不松弛地奋斗了一生。

鲁迅写"早"，其实不仅仅是说要早到校，而是一生都在恪守这一信条。世界上每个人都有自己的座右铭，都曾把名人名言挂在床头案边，如书山有路勤为径，好好学习天天向上，冠冕堂皇的词语说了那么多，有几个真正按照这个去做了？鲁迅没有那些花架子，就是一个"早"字，却践行了一生，因此成功不在于写什么，而在于你是否坚持按照你写的去做。

二、肩负历史新使命

作为社会的一分子，同学们要进一步认清自己的历史使命，明确成才目标，确立为国家、为民族奋斗的志向，努力成长为对党和国家、对人民有所贡献的人才。

1. 认清历史使命

所谓使命，原来指使者奉命出行，后引申为肩负重大的任务和责任。我们每个人在社会中生活都要完成各种各样的人生任务。其中，所担负的重大的历史任务和重大的历史责任就是历史使命。现在，同学们承担的是建设中国特色社会主义、实现中华民族伟大复兴的历史使命。

当前，国家正处于发展的重要战略机遇期，时代为同学们提供了施展才华的大好机遇和广阔空间。我们要珍惜历史机遇，自觉把人生追求同国家和民族的前途命运联系起来，在为国家发展和民族振兴的不懈奋斗中，创造无愧于人生的业绩。

一是面临世界科技文化发展的挑战。当今时代，科学技术发展突飞猛进，给社会生产力和人类经济社会的发展带来了极大的推动。未来的科学技术还将产生新的重大飞

① 引自 http://www.gs5000.cn/gs/mingren/mrds/4543.html。

跃。各种文化在世界范围内相互激荡，有吸纳有排斥，有融合有斗争，有渗透有抵御，对各国的经济、政治和社会发展的作用越来越突出。科技文化竞争成为综合国力竞争的焦点。谁在知识和科技创新方面占据优势，谁就能够掌握发展的主动权。世界各国尤其是发达国家纷纷把推动科技进步和创新作为国家战略，把发展本国文化作为重要任务，努力增强科技文化竞争力和综合国力。同学们是我国未来科学技术发展和文化建设的中坚力量，理应发奋学习，刻苦钻研，努力成才，义不容辞地肩负起发展我国科技文化的历史重任。

二是面临复杂多变的国际环境的挑战。当今世界，和平、发展、合作是时代的潮流。国际局势正在发生新的深刻变化，世界多极化和经济全球化的趋势继续在曲折中发展，影响和平与发展的不稳定、不确定因素增多，发达国家在经济和科技上占优势的压力将长期存在，世界经济发展不平衡的状况加剧，围绕资源、市场、技术、人才的竞争更加激烈，贸易保护主义有新的表现，敌对势力对我国实施西化及分化的战略图谋没有改变，我国经济社会发展和安全面临着新的挑战。同学们应当具备高度的历史责任感、强烈的忧患意识和宽广的世界眼光，保持清醒冷静的头脑，培养大无畏的胆略和气概，坚定中国特色社会主义信念，做一个有理想、有抱负的人。

三是面临新世纪新阶段我国改革发展新任务的挑战。全面建设小康社会是党的十六大确定的新世纪新阶段我国社会主义现代化建设的宏伟目标。党的十七大从新的历史起点出发，根据我们对中国特色社会主义事业总体布局的新认识和科学发展观，对我国全面建设小康社会提出了新的更高要求。党的十八大总结了我们取得的一系列新的历史性成就，进一步充实完善了十六大、十七大确定的奋斗目标，提出在中国共产党成立100年时全面建成小康社会，在新中国成立100年时建成富强、民主、文明、和谐的社会主义现代化国家。当前，我国经济建设、政治建设、文化建设、社会建设和生态文明建设全面推进，中国特色新型工业化、信息化、城镇化和农业化道路同步发展，我国正处在进一步发展的重要战略机遇期，在新的历史起点上向前迈进。实现全面建设小康社会这一宏伟目标，同学们肩负着特殊的责任。能否按照全面建设小康社会、加快推进社会主义现代化建设对人才提出的要求，全面提高自身素质，担负起历史赋予的光荣使命，这是我们必须认真思考和回答的问题。

一个人、一个民族和一个国家，要前进要发展，就会面临挑战，挑战与机遇相伴而生。只有敢于迎接挑战，战胜困难，才能把握和创造机遇，才能把握和创造未来。同学们应该确立远大志向，珍惜年华，刻苦学习，磨炼意志、砥砺品格，为祖国的繁荣富强贡献力量。

2. 确立与实现成才目标

成为德、智、体、美全面发展的社会主义事业的建设者和接班人，是历史发展对每个人的必然要求，是党和人民的殷切期望，也是同学们需要确立的成才目标。

专题链接

毛泽东：世界是属于你们的①

世界是你们的，也是我们的，但是归根结底是你们的。你们青年人朝气蓬勃，正在兴旺时期，好像早晨八九点钟的太阳。希望寄托在你们身上。

世界是属于你们的。中国的前途是属于你们的。

第一，青年人既要勇敢又要谦虚；第二，祝你们身体好、学习好、将来工作好；第三，和苏联朋友要亲密团结。

所谓"人生目标"，是指一个人对自己一生中所要达到的预期结果的整体规划，其中包括人生理念和很多阶段性任务或者短期目标。例如"充满幸福感地与他人共同创造并分享生活的人生理念"。

大学培养目标所要求的德、智、体、美方面的素质是相互联系并相互制约的统一体。对同学们而言，全面发展就是德、智、体、美的全面发展，是思想道德素质、科学文化素质和健康素质的全面提高。同学们应努力成为主动发展、健康发展、和谐发展的人。

德是人才素质的灵魂。在今天改革开放和发展社会主义市场经济的新形势下，德在个人成长成才的过程中发挥着越来越突出的作用。同学们应当牢固树立社会主义核心价值观，以理想信念为核心，以爱国主义为重点，以公民基本道德规范和遵纪守法观念为基础，以全面发展为目标，自觉接受社会主义思想道德教育和法制教育，促进思想道德素质、科学文化素质和健康素质协调发展。

智是人才素质的基础。智是同学们从事社会主义现代化建设的实际本领，是能否成为对国家、对人民有用的人才的重要基础。在智育方面，同学们需要努力掌握科学文化知识，掌握本专业比较系统扎实的基础理论和应用技能，不断拓展自己的知识领域，培养解决理论问题和实际问题的能力，培养创新能力、实践能力和创业精神，提高人文素质和科学素质。

体是人才素质的条件。健康的体魄是我们每个人为祖国和人民服务的基本条件，是中华民族旺盛生命力的体现。在体育方面，同学们要了解体育运动的基本知识，掌握科学锻炼身体的基本技能，积极参加体育锻炼，养成锻炼身体的良好习惯。只有身体健康，才能胜任今天的学习任务和明天的工作职责。

美是人才素质的重要内容。美育不仅能陶冶情操和提高素养，而且有助于开发智力，对促进同学们的全面发展具有不可替代的作用。在美育方面，我们需要提高文化艺术素养，养成良好的审美观念，加强审美修养，认清什么是美，什么是丑，不断提高审美水平。

当代中国对大学生成才的目标要求是：

理想远大、热爱祖国。同学们应当树立为振兴中华而勇于奉献的形象，把自己的崇高理想具体落实到建设中国特色社会主义事业上来，始终以国家富强和人民幸福为己任，树

① 转引自《人民日报》1977年10月13日。

立“舍我其谁”的豪情壮志和坚定信念，为振兴中华而不懈奋斗。

追求真理、善于创新。同学们应当发挥朝气蓬勃、思维敏捷、敢为人先、最少陈旧观念、最具创造活力的诸多优势，追求真理，勇于探索，努力提高创新能力，使自己成为祖国和人民需要的，富有创新精神的高素质人才。要从马克思主义理论中汲取营养，树立科学的世界观，掌握正确的方法论，培养追求真理的科学精神，努力做勇于创新、善于创新的先锋。

德才兼备、全面发展。同学们要学习掌握扎实的专业基础知识和科学文化知识，以造福国家和人民。同时，要坚持以德为先，德才兼备。中国古代思想家司马光说过：“才者，德之资也；德者，才之帅也。”用“德”来统帅“才”，才能保证“才”的正当发挥；以“才”支撑“德”，才能真正有益于国家和人民。目前社会上出现的学术腐败和高科技犯罪等现象，为人们敲响了正确把握德才关系的警钟。对我们每一个人来说，“德”绝不是可有可无的。德才兼备是衡量个体全面发展的一个重要标准。

视野开阔、胸怀宽广。同学们应当学会以开阔的视野观察不断发展的中国，观察日新月异的世界；用宽广的胸襟向历史学习，向人民群众学习，向实际学习。要把个人的“小我”融入国家和集体的“大我”之中，在维护和实现国家与人民利益的过程中创造个人的辉煌人生。

知行统一、脚踏实地。同学们要努力将书本知识与实际行动密切联系起来，塑造知行统一、脚踏实地的良好形象。知行统一是和道德人格紧密结合在一起的。言行一致是一个人立身处世的基础。在人和人的相处中，既要重视言，更要重视行。同学们在日常的学习和生活中，要时时提醒自己，比如，应该做的事情，认识到了，是否去做了；应该改正的错误，认识到了，是否去改了。一个人如果能够从身边的事情做起，从具体的事情做起，做到言行一致，老老实实做人，踏踏实实做事，他的道德人格必然会不断完善。

爱因斯坦曾指出：“用专业知识教育人是不够的。通过专业教育，他可能成为有用的武器，但不能成为和谐发展的人。”总之，在大学学习阶段，除了专业知识的学习，同学们应该注重自身全面素质的培养。

专题链接

成功之解[①]

拉尔夫·爱默生

成功是什么？

成功就是笑口常开，爱心永存；

成功就是赢得智者的尊敬和孩子的喜爱；

成功就是得到诚实的批评家的欣赏，承受得住虚伪的朋友的背弃；

成功就是欣赏美好的东西；

成功就是发现别人的可爱；

---

① 引自 http://blog.sina.com.cn/s/blog_4160dd4b0100y8ff.html。

成功就是给世界留下一些更好的东西，或许是一个健康的小孩，一处修整好的花园，也或许是一个恢复良好的社会环境；

成功就是确切知道有那么一个人是因你的存在而生活得更加轻松；

这就是成功。

三、培育和践行社会主义核心价值观

提高思想道德素质最根本的是要建设社会主义核心价值体系，培育和践行社会主义核心价值观。引导同学们自觉学习实践社会主义核心价值体系，践行社会主义核心价值观，是高等学校思想政治教育的重要内容，也是贯穿“思想道德修养”课的主线。

1. 社会主义核心价值体系与社会主义核心价值观

社会主义核心价值体系是兴国之魂，决定着中国特色社会主义发展方向。马克思主义指导思想，中国特色社会主义共同理想，以爱国主义为核心的民族精神和以改革创新为核心的时代精神，以及社会主义荣辱观，构成了社会主义核心价值体系的基本内容。

社会主义核心价值体系这四个方面的内容，各具功能，各有侧重，相互联系，不可分割，是有机统一的整体。马克思主义指导思想作为社会主义核心价值体系的灵魂，解决的是举什么旗的问题，是整个社会主义核心价值体系的理论基础；中国特色社会主义共同理想作为社会主义核心价值体系的主题，解决的是走什么道路、实现什么样目标的问题；民族精神和时代精神作为社会主义核心价值体系的精髓，解决的是应当具备什么样的精神状态和精神风貌的问题；以“八荣八耻”为主要内容的社会主义荣辱观作为社会主义核心价值体系的基础，解决的是人们行为规范的问题。

社会主义核心价值体系回答了我国意识形态领域的根本问题，体现了我国最广大人民的根本利益，是一个结构完整、逻辑缜密的科学体系。

专题链接

社会主义核心价值体系的提出过程[①]

2006 年 10 月，党的十六届三中全会通过的《中共中央关于构建社会主义和谐社会若干重大问题的决定》，第一次明确提出了“建设社会主义核心价值体系”这个重大命题和战略任务。2007 年，胡锦涛同志在“6 · 25”重要讲话中强调，要大力建设社会主义核心价值体系，巩固全党全国人民团结奋斗的共同思想基础。社会主义核心价值体系包括四个方面的

① 引自新华网 http://news.xinhuanet.com/politics/2006－10/18/content_5218639.htm。

基本内容，即马克思主义指导思想、中国特色社会主义共同理想、以爱国主义为核心的民族精神、以改革创新为核心的时代精神和社会主义荣辱观。

党的十八大报告明确提出："倡导富强、民主、文明、和谐，倡导自由、平等、公正、法治，倡导爱国、敬业、诚信、友善，积极培育和践行社会主义核心价值观。"这一方面为培育和践行社会主义核心价值观提供了基本范畴，另一方面也进一步明确了提炼、概括社会主义核心价值观的基本原则。社会主义核心价值观，是社会主义核心价值体系的精神内核及其遵循的根本原则，可以从价值层面为深入回答社会主义的本质特征提供根本价值遵循，在具体利益矛盾、各种思想差异之上最广泛地形成价值共识，为国家建设和社会发展提供先进的、根本的价值导向和理想信念，提供明确的、稳定的价值依据和评判标准。

培育和践行社会主义核心价值观，是引领同学们成长成才的基本途径，为我们加强自身修养，锤炼优良品德指明了努力方向。同学们必须在深刻领会和把握社会主义核心价值体系的基础上，自觉培育和践行社会主义核心价值观，加强思想道德修养，努力成为实践社会主义核心价值观最积极、最活跃的群体。

专题链接

新加坡重视培养共同价值观[①]

新加坡以国会法案的形式确立本国的"共同价值观"，要求在全社会推行"国家至上、社会为先，家庭为根、社会为本，社会关怀、尊重个人，协商共识、避免冲突，种族和谐、宗教宽容"等价值观念，有力地促进了新加坡这个多民族国家的稳定和发展。

2. 把握社会主义核心价值观的科学内涵

党的十八大报告提出，倡导富强、民主、文明、和谐，倡导自由、平等、公正、法治，倡导爱国、敬业、诚信、友善，积极培育和践行社会主义核心价值观。富强、民主、文明、和谐是国家层面的价值目标，自由、平等、公正、法治是社会层面的价值取向，爱国、敬业、诚信、友善是公民个人层面的价值准则，这24个字是社会主义核心价值观的基本内容。

"富强、民主、文明、和谐"，是我国社会主义现代化国家的建设目标，也是从价值目标层面对社会主义核心价值观基本理念的凝练。它在社会主义核心价值观中居于最高层次，对其他层次的价值理念具有统领作用。富强即国富民强，是社会主义现代化国家经济建设的应然状态，是中华民族梦寐以求的美好夙愿，也是国家繁荣昌盛、人民幸福安康的物质基础。民主是人类社会的美好诉求。我们追求的民主是人民民主，其实质和核心是人民当家做主。它是社会主义的生命，也是创造人民美好幸福生活的政治保障。文明是社会进步的重要标志，也是社会主义现代化国家的重要特征。它是社会主义现代化国

① 中共中央宣传部理论局编：《改革热点面对面》，人民出版社2014年7月版，第4页。

家文化建设的应有状态，是对面向现代化、面向世界、面向未来的，民族的科学的大众的社会主义文化的概括，是实现中华民族伟大复兴的重要支撑。和谐是中国传统文化的基本理念，集中体现了学有所教、劳有所得、病有所医、老有所养、住有所居的生动局面。它是社会主义现代化国家在社会建设领域的价值诉求，是经济社会和谐稳定、持续健康发展的重要保证。

“自由、平等、公正、法治”，是对美好社会的生动表述，也是从社会层面对社会主义核心价值观基本理念的凝练。它反映了中国特色社会主义的基本属性，是中国共产党矢志不渝、长期实践的核心价值理念。自由是指人的意志自由、存在和发展的自由，是人类社会的美好向往，也是马克思主义追求的社会价值目标。平等指的是公民在法律面前一律平等，其价值取向是不断实现实质平等。它要求尊重和保障人权，人人依法享有平等参与和平等发展的权利。公正即社会公平和正义，它以人的解放及人的自由平等权利的获得为前提，是国家和社会的根本价值理念。法治是治国理政的基本方式，依法治国是社会主义民主政治的基本要求。它通过法制建设来维护和保障公民的根本利益，是实现自由平等、公平正义的制度保证。

“爱国、敬业、诚信、友善”，是公民基本道德规范，是从个人行为层面对社会主义核心价值观基本理念的凝练。它覆盖社会道德生活的各个领域，是公民必须恪守的基本道德准则，也是评价公民道德行为选择的基本价值标准。爱国是基于个人对自己祖国依赖关系的深厚情感，也是调节个人与祖国关系的行为准则。它同社会主义紧密结合在一起，要求人们以振兴中华为己任，促进民族团结，维护祖国统一，自觉报效祖国。敬业是对公民职业行为准则的价值评价，要求公民忠于职守，克己奉公，服务人民，服务社会，充分体现了社会主义职业精神。诚信即诚实守信，是人类社会千百年传承下来的道德传统，也是社会主义道德建设的重点内容，它强调诚实劳动，信守承诺，诚恳待人。友善强调公民之间应互相尊重，互相关心，互相帮助，和睦友好，努力形成社会主义新型人际关系。

专题链接

习近平总书记对青年践行社会主义核心价值观的要求(节选)①

一是要勤学，下得苦功夫，求得真学问。要勤于学习、敏于求知，注重把所学知识内化于心，形成自己的见解，既要专攻博览，又要关心国家、关心人民、关心世界，学会担当社会责任。

二是要修德，加强道德修养，注重道德实践。要立志报效祖国、服务人民，同时还得从做好小事、管好小节开始起步，踏踏实实修好公德、私德。

三是要明辨，善于明辨是非，善于决断选择。关键是要学会思考、善于分析、正确抉择，做到稳重自持、从容自信、坚定自励。要树立正确的世界观、人生观、价值观，做出正确判

① 习近平:《青年要自觉践行社会主义核心价值观——在北京大学师生座谈会上的讲话》,《人民日报》,2014年5月5日第2版。

断、正确选择。

四是要笃实，扎扎实实干事，踏踏实实做人。青年要于实处用力，从知行合一上下功夫，把艰苦环境作为磨炼自己的机遇，把小事当作大事干，一步一个脚印往前走。

3. 培育和践行社会主义核心价值观的重要意义

面对世界范围思想文化交流、交融、交锋形势下价值观较量的新态势，面对改革开放和发展社会主义市场经济条件下思想意识多元、多样、多变的新特点，积极培育和践行社会主义核心价值观，对于巩固马克思主义在意识形态领域的指导地位、巩固全党全国人民团结奋斗的共同思想基础，对于促进人的全面发展、引领社会全面进步，对于集聚全面建成小康社会、实现中华民族伟大复兴中国梦的强大正能量，具有重要的现实意义和深远的历史意义。

从适应国内和国际大局的深刻变化看，我国正处在大发展、大变革、大调整时期，在前所未有的改革、发展和开放进程中，各种价值观念和社会思潮纷繁复杂。国际敌对势力从未停止实施西化分化战略图谋，思想文化领域是他们长期渗透的重点领域，青少年群体是他们努力争夺的主要对象。我们迫切需要积极培育和践行社会主义核心价值观，扩大主流价值观念的影响力，提高国家文化软实力。

从推进国家治理体系和治理能力现代化的要求看，培育和弘扬核心价值观，有效整合社会意识，是国家治理体系和治理能力的重要方面。全面深化改革，完善和发展中国特色社会主义制度，推进国家治理体系和治理能力现代化，必须解决好价值体系问题，加快构建充分反映中国特色、民族特性和时代特征的价值体系，在全社会大力培育和弘扬社会主义核心价值观，提高整合社会思想文化和价值观念的能力，掌握价值观念领域的主动权、主导权、话语权，引导人们坚定不移地走中国道路。

从提升民族和人民的精神境界看，核心价值观是精神支柱，是行动向导，对丰富人们的精神世界，建设民族精神家园，具有基础性和决定性作用。一个人、一个民族能不能把握好自己，很大程度上取决于核心价值观的引领。发展起来的当代中国，更加向往美好的精神生活，更加需要强大的价值支撑。要提升民族和人民的精神境界，增强全民族的精神纽带，必须积极培育和践行社会主义核心价值观，铸就自立于世界民族之林的中国精神。

从实现民族复兴中国梦的宏伟目标看，核心价值观是一个国家的重要稳定器，构建具有强大凝聚力感召力的核心价值观，关系社会和谐稳定，关系国家长治久安。实现“两个一百年”的奋斗目标，实现中华民族伟大复兴的中国梦，必须有广泛的价值共识和共同的价值追求。这就要求我们持续加强社会主义核心价值体系和核心价值观建设，巩固全党全国各族人民团结奋斗的共同思想基础，凝聚起实现中华民族伟大复兴的中国力量。

社会主义核心价值观，明确了社会主义社会中是非、善恶、美丑的界限，体现了对每个公民提高思想道德修养的基本要求，为同学们加强自身修养、锤炼优良品德及成长为德、智、体、美全面发展的社会主义事业的合格建设者和可靠接班人指明了方向。学习和实践社会主义核心价值观，是高等学校思想政治教育的重要内容，是大学阶段思想品德教育的中心环节和根本要求。

专题链接

靠人人身体力行①

社会主义核心价值观提出后，在社会上引起广泛反响，形成了浓厚氛围。但也有人问："社会主义核心价值观与我有什么关系呢?"还有人认为："这24个字太'高大上'了，是国家和政府应该操心的事，与老百姓关系不大。"对此，我们应该怎么看呢?

其实，社会主义核心价值观对我们每个人来说，都犹如阳光和空气一样，受益而不觉，失之则难存。它不是遥不可及的空洞口号，而是切切实实存在于你我的心中、生活中，须臾不可缺少。

一方面，人人都需要社会主义核心价值观的引领和涵养。人之所以为人，就是除了基本的物质需求之外，还有精神层面的需求；除了完善"小我"，还要致力于成就"大我"。如何提升精神层次，如何处理社会关系，如何施展理想抱负？这些都离不开正确价值观的引领。按照社会主义核心价值观的引领，我们就能树立崇高的目标理想，追求向善的精神境界，走好人生之路。

另一方面，人人都应成为社会主义核心价值观的践行者。再大的国家、社会，也是由一个个具体的人组成的。社会主义核心价值观各个层面的价值理念，最终都要落实到每个人，通过每个人的一言一行来阐释，需要每个人的参与和实践来实现。只有人人都用善行和善举诠释核心价值观的真谛，才能夯实整个社会的道德基础，才能塑造一个国家的时代精神。

因此，培育和弘扬社会主义核心价值观，人人可为、人人必为、人人受益。我们每个人都应该将其作为一种使命及一种责任身体力行，将其落实做好。

四、学习"思想道德修养"课的意义和方法

"思想道德修养"课是一门融思想性、政治性、知识性、综合性和实践性于一体的课程，涉及的内容十分广泛，现实性和针对性都很强。只有明确学习这门课程的重要意义，掌握科学的学习方法，把学习和实践结合起来，才能取得良好的效果。

1. 学习"思想道德修养"课的意义

"思想道德修养"课，是高等学校思想政治理论课课程体系的重要组成部分，是帮助同学们提高思想道德修养的重要课程。本课程以马克思主义为指导，以正确的世界观、人生

① 中共中央宣传部理论局编：《改革热点面对面》，人民出版社2014年7月版，第13页。

观、价值观和道德观教育为主要内容，把社会主义核心价值观贯穿于教学的全过程，通过理论学习和实践体验，帮助同学们形成崇高的理想信念，弘扬伟大的爱国主义精神，确立正确的人生观和价值观，全面提高思想道德修养。

学习“思想道德修养”课，有助于同学们认识立志、树德和做人的道理，选择正确的成才之路。波澜壮阔的改革开放和建设中国特色社会主义事业的伟大实践，为我们每个人提供了展示才华、实现理想的广阔舞台，也对同学们的思想道德修养提出了更高要求。“思想道德修养”课是同学们进入大学后的第一门思想政治理论课，学习本课程能够帮助同学们明确党和国家对社会、个人的希望和要求，明确自身成长所面临的机遇和挑战，明确自身肩负的历史使命，明确自己的努力方向、前进目标以及成长成才的途径和方法。在学习和实践过程中，同学们应当自觉地将自己的人生选择与时代要求和祖国需要结合起来，为今后创造无愧于时代和人民的业绩，成为国家、社会、人民需要的栋梁之材做好准备。

学习“思想道德修养”课，有助于同学们掌握丰富的思想道德知识，为提高思想道德素质打下知识基础。“思想道德修养”课把马克思主义基本理论应用于思想道德修养领域，用深刻的哲理和多方面综合知识，对同学们进行理想信念、爱国主义、人生价值、道德修养等方面的教育。通过对本课程的学习，同学们可以系统地掌握许多提高修养、启迪智慧的知识，掌握修身养性、陶冶气质的方法，从而促进大家思想道德素质的提高。

学习“思想道德修养”课，有助于同学们摆正德与才的位置，做到德才兼备、全面发展。思想道德素质是当代人必须具备的基本素质。同学们只有摆正“德”和“才”的关系，不断加强思想道德素养，才能促进自身全面发展。学习“思想道德修养”课，可以帮助同学们深刻地理解“育人为本、德育为先”的要求，正确认识德与才的辩证关系，避免走入“重智轻德”的误区，从各方面发展自己、完善自己。

2. 学习“思想道德修养”课的方法

注重学习科学理论。这里所说的科学理论，就是马克思主义的基本原理，就是马克思主义的立场、观点和方法。这是构建本课程的理论基础和贯穿本课程的灵魂，也是学习本课程要把握的重点。本课程针对同学们普遍关心的思想道德问题，运用马克思主义的基本原理对其进行了科学的分析和解答。同学们在学习中，既要注意学习和掌握课本中的结论，更要着重把握基本的立场、观点和方法，并用来分析纷繁复杂的社会现象，认识和解决人生道路上的重大问题。

注重学习和掌握思想道德修养的基本知识。本课程包含着丰富的人生哲学和伦理道德。这些知识是人类在长期社会实践中形成的思想成果，是哲学社会科学的重要组成部分。学习本课程要注意汲取和把握这些思想成果，加强自我修养、提高思想境界。要在学习好本教材的基础上，广泛学习其他方面的知识，扩展自己的知识领域，不断提高自己的思想水平。

注重联系实际。学习理论只有与实际结合起来，才会生动而具体。本课程的内容来源于现实生活，又对现实生活具有指导意义。同学们在学习的过程中，一定要密切联系我国改革开放和社会主义现代化建设的实际，密切联系社会主义市场经济条件下思想道德建设的实际，密切联系自身的学习和生活实际，真正领会和掌握本课程的主要内容和精神实质。

要积极主动地向英雄模范人物学习、向人民群众学习、向身边的榜样学习，从实际生活中汲取丰富的精神营养，在社会实践中加深对思想道德的理解。

注重知行统一。本课程具有鲜明的实践性。学习本课程要把知与行结合起来，把学习与践履结合起来，把学习规范和遵守规范结合起来，使知识转化为内在素质。前人说过："修以求其粹美，养以期其充足，修犹切磋琢磨，养犹涵育熏陶也。"加强思想道德和法律修养是知、情、意、行辩证统一的过程，只有通过个人的主观努力和亲身实践，在学中做，在做中学，不断增强自我教育、自我约束、自我激励的能力，慎独自守，防微杜渐，才能实现提高自己思想道德修养的学习目的。

专题链接

毛泽东：加强知识分子和青年学生的思想政治工作[①]

在知识分子和青年学生中间，最近一个时期，思想政治工作减弱了，出现了一些偏向。在一些人的眼中，好像什么政治，什么祖国的前途、人类的理想，都没有关心的必要。好像马克思主义行时了一阵，现在就不那么行时了。针对着这种情况，现在需要加强思想政治工作。无论是知识分子，还是青年学生，都应该努力学习。除了学习专业以外，在思想上要有所进步，政治上也要有所进步，这就需要学习马克思主义，学习时事政治。没有正确的政治观点，就等于没有灵魂。过去的思想改造是必要的，收到了积极的效果。但是在做法上有些粗糙，伤了一些人，这是不好的。这个缺点，今后必须避免。思想政治工作，各个部门都要负责任。共产党应该管，青年团应该管，政府主管部门应该管，学校的校长教师更应该管。我们的教育方针，应该使受教育者在德育、智育、体育几方面都得到发展，成为有社会主义觉悟的有文化的劳动者。要提倡勤俭建国。要使全体青年们懂得，我们的国家现在还是一个很穷的国家，并且不可能在短时间内根本改变这种状态，全靠青年和全体人民在几十年时间内，团结奋斗，用自己的双手创造出一个富强的国家。社会主义制度的建立给我们开辟了一条到达理想境界的道路，而理想境界的实现还要靠我们的辛勤劳动。有些青年人以为到了社会主义社会就应当什么都好了，就可以不费气力享受现成的幸福生活了，这是一种不实际的想法。

课后讨论

1. 写出自己所闻、所见的一件事，谈谈提高个人修养与社会文明进步的关系。

2. 描绘一个你心目中有修养的人，他(她)的言谈举止、外貌气质、待人接物有什么特点？

3. 为什么伪科学能蒙蔽相当一部分人的眼睛？怎样才能让人与人之间多一份关爱？

---

① 引自毛泽东同志在最高国务会议第十一次(扩大)会议上的讲话"关于正确处理人民内部矛盾的问题"。

怎样让野蛮与无知远离我们而去?

思 考 题

1. 谈谈怎样才能尽快适应大学阶段的新生活?
2. 社会主义核心价值体系和社会主义核心价值观之间有什么关系?
3. 结合实际,谈谈怎样践行社会主义核心价值观?
4. 学习“思想道德修养”课的意义和方法有哪些?

第二章 追求远大理想 坚定崇高信念

理想犹如天上的星星，我们犹如水手，虽不能到达天上，但是我们的航程可凭它指引。

——(美)舒尔茨

理想信念是人心灵世界的核心，崇高的理想和信念可以点燃人的生命之火，激发人的聪明才智。科学的理想信念，是我们乘风破浪、搏击沧海的灯塔和动力之源。同学们追求远大理想，坚定崇高信念，在为实现中国特色社会主义共同理想而奋斗的过程中实现个人理想，是自身成长成才的现实需要，是国家和人民的殷切期盼，是践行社会主义核心价值体系和实现中华民族伟大复兴的客观要求。

一、理想信念与成长成才

理想信念是人的心灵世界的核心。有无理想信念，有什么样的理想信念，决定了人生是高尚充实，还是庸俗空虚。追求远大理想、坚定崇高信念，是同学们全面成长、成就事业、开创未来的精神支柱和前进动力。

1. 理想信念的含义与特征

(1) 理想的含义与特征

理想作为一种精神现象，是人类社会实践的产物。人们在改造客观世界和主观世界的实践活动中，既追求眼前的生产生活目标，渴望满足眼前的物质和精神需求，又憧憬长远的生产生活目标，期盼满足更高的物质和精神需求。对现状永不满足、对未来不懈追求，是理想形成的动力源泉。在一定意义上讲，理想是人们在实践中形成的、有可能实现的、对未来社会和自身发展的向往与追求，是人们的世界观、人生观和价值观在奋斗目标上的集中体现。

理想是一定社会关系的产物。它必然带着特定历史时代的烙印，在阶级社会中，还必然带着特定阶级的烙印。由于生产力发展水平不同，社会性质和人们所处经济政治文化地位不同，所处的阶级关系与阶级地位不同，对社会发展规律认识和把握的深度与广度不同，人们所形成的理想也必然不同。理想不仅受时代条件的制约，而且随时代的发展而发展。随着社会的进步，人类对社会发展规律和人的全面发展规律认识的逐步深化，人们也会不断地调整、丰富和发展自己的理想。

理想源于现实，又超越现实。理想在现实中产生，但它不是对现状的简单描绘，而是与奋斗目标相联系的未来的现实，是人们的要求和期望的集中表达，它激励着人们在现实生活中一步步地为实现理想而奋斗。科学的理想不同于人们头脑中的空想。空想尽管也是人们对未来的一种想象，但它是脱离实际的主观臆想，没有实现的可能性。科学的理想是人的主观能动性与社会发展客观趋势一致性的反映，它是人们在社会实践基础上，对社会历史发展客观规律的正确把握，因而对人们有着巨大的感召力，对社会实践具有重要的指导作用。

理想是多方面和多类型的。从不同的角度审视，可以把理想划分为许多类型：从理想的性质和层次上划分，理想有科学理想和非科学理想、崇高理想和一般理想等；从理想的时序上划分，理想有长远理想和近期理想等；从理想的对象上划分，理想有个人理想和社会理想等；从理想的内容上划分，理想有社会政治理想、道德理想、职业理想和生活理想等。理想对人的激励与鼓舞作用，与理想的性质和层次密切相关。只有科学的、崇高的理想，才能够给人们提供不竭的精神动力。

理想之所以能够成为一种推动人们创造美好生活的巨大力量，就在于它不仅具有现实性，而且具有预见性：一方面，理想是人们一定的社会实践的产物，同时它又超越了今天的实践；另一方面，理想必须通过人们的实践活动才能实现，同时它又指明了进一步实践的方向。实践产生理想，理想指引实践，理想与实践相互作用、不断循环上升的过程，推动着人们立足现实、着眼未来，在奋斗中追求，在追求中奋斗。

专题链接

胸怀宏大志向①

纵观古今中外的英雄豪杰和成功人士，他们有一个共同的特点，即胸怀宏大的志向。

“国际平民教育之父”——晏阳初。他与爱因斯坦一起被美国一百余所大学和科研机构评为“现代世界最具革命性贡献的十大伟人”。他的一生改变了世界上上亿贫苦民众的命运。他是美国历史上第一个使国会通过拨款条款的外国人士。至今他仍然被日本看作其进一步现代化的路标之一。

“实业救国的探索者”——卢作孚。他有“中国船王”的美誉。他不仅统一了川江航运，把横行霸道的英日等帝国主义的轮船公司赶出了浩瀚的长江，而且还将航线拓展到了日本和东南亚。卢作孚在20世纪20年代就曾经鞭辟入里地指出，中国落后挨打的根本原因是小农经济的落后性和封建主义的根深蒂固。他主张，中国要发展，必须走现代化的道路，他

① 引自 http://www.scgqt.org.cn/Home/NewsShow.asp?ID=24506。

所倡导的民生精神，是爱国主义、集体主义和创业精神的集中体现。

"2004感动中国人物"——徐本禹。从繁华的城市，他走进大山深处，用一个刚刚毕业大学生稚嫩的肩膀，扛住了倾颓的教室，扛住了贫穷和孤独，扛起了本来不属于他的责任。也许一个人的力量还不能让孩子的眼睛铺满阳光，爱，被期待着。徐本禹点亮了火把，刺痛了我们的眼睛。

我们不应该仅仅怀有敬意，还应该从这些人身上学到些什么……

(2) 信念的含义与特征

信念同理想一样，也是人类特有的一种精神现象。信念是认知、情感和意志的有机统一体，是人们在一定的认识基础上确立的对某种思想或事物坚信不疑并身体力行的心理态度和精神状态。信念是对理想的支持，是人们追求理想目标的强大动力。信念一旦形成，就会使人坚贞不渝、百折不挠地追求理想目标。

一定的思想或事物若要成为一个人的信念，这就需要一个人有明确的认知和强烈的情感。因此，信念具有高于一般认识的稳定性，人们的某种信念一旦形成，就不会轻易改变。信念的稳定性也不是绝对的，科学的信念必然会随着客观实际的改变而与时俱进，不断地充实、调整和完善，在现实不断变化的考验中变得更加稳定、更加坚强。脱离现实的信念往往是脆弱的，经不起现实变化的冲击。一个人对已经确立的信念，只有经过长期的观察和反复的实践验证，确认其真正错误时才有可能改变。信念的改变如同信念的确立一样，必将对一个人的思想和行为产生重大影响，因此，个人对信念必须持十分严肃和慎重的态度。

信念有不同的内涵，也有不同的层次。不同的人，由于社会环境、思想观念、利益需要、人生经历和性格特征等方面的差异，会形成不同的乃至截然相反的信念。即使是同一个人，也会形成关于社会生活不同方面的信念，如在政治、经济、文化以及事业、学业和生活等方面，都会形成相应的不同层次的信念。一般来说，信仰可分为两种类型：一种是对虚幻的世界、不切实际的观念、荒谬的理论的盲目相信和狂热崇拜；另一种是在社会实践活动中，对以事物发展规律的正确认识为基础的思想见解或理论主张的坚信不疑和身体力行。后者就是我们所主张的信仰。

在人的生命历程中，理想和信念总是如影随形，相互依存。理想是信念的根据和前提，信念则是实现理想的重要保障。在很多情况下，理想亦是信念，信念亦是理想。当理想作为信念时，它是指人们确信的一种观点和主张；当信念作为理想时，它是与奋斗目标相联系的一种向往和追求。

专题链接

苏格拉底之死[①]

苏格拉底(公元前469—公元前399年)是古希腊雅典人，著名的哲学家、教育家。

① 引自http://www.360doc.com/content/14/0310/10/355483_359222172.shtml。

他也是一位才华横溢、敢犯众怒的煽动性演说家，他通过长期不懈的努力，对公元前五世纪盛行于古希腊的文化自由精神做出了突出的贡献，这是众所周知的。

当时，希腊人盲目地信仰宗教，偏激的思想对希腊人而言是非常可怕的，苏格拉底看到了这一点，他声称："决定人类命运的不是神，而是人类自己。"

由于苏格拉底的演说极具煽动性，以至于他的做法严重影响了当时统治阶级的利益。他被捕了，当时希腊人信仰宗教达到一个什么样的程度呢？就连审判苏格拉底的人也是个不识字的文盲，他只懂得神的旨意。

有趣的是在这种环境之下，苏格拉底仍以其雄辩的口才为自己辩护。他煽动性的演说甚至让陪审团中的大部分成员赞成释放他，他们建议，只要苏格拉底放弃争辩，不再干涉教会，他就会得到释放。但是，苏格拉底听不进去，他声称："不行，只要我的良知不灭，我就会给人们指引真理的方向，我会对每个人宣传我的思想，不顾后果。"这说明苏格拉底对真理的追求有执着的信念。在监狱关押期间，他的朋友们拼命劝他逃走，并买通了狱卒，制订了越狱计划，但他宁可死，也不肯违背自己的信仰。

当然，苏格拉底的最终命运可能大家都想得到，他被判了死刑，在牢中，他还在不断地完善自己的逻辑系统，试图尽可能多地将自己的真知灼见留给后人。然而，一杯毒酒下肚，这位伟大的雄辩家永远停止雄辩了。

通过对苏格拉底的认识，大家应该了解到这位哲人对真理的追求有着多么坚定的信念。

2. 理想信念对个人成长成才的重要意义

如果说社会是大海，人生是小舟，那么理想信念就是引航的灯塔和推进的风帆。没有科学的理想信念的人生，就像失去了方向和动力的小船，会在生活的波浪中随处漂泊，甚至会沉没于急流之中。

（1）理想信念的作用

指引人生的奋斗目标。人生是一个在实践中奋斗的过程，要使生命富有意义，就必须在有意义的奋斗目标的指引下，沿着正确的人生道路前进。理想信念对人生历程起着导向的作用，是人的思想和行为的定向器。理想信念一旦确立，就可以使人方向明确、精神振奋，不论前进的道路如何曲折、人生的境遇如何复杂，都可以使人透过乌云和阴霾，看到未来的希望和曙光，永不迷失前进的方向。

提供人生的前进动力。理想信念是激励人们向着既定目标奋斗前进的动力，是人生力量的源泉。一个人有了坚定正确的理想信念，就会以惊人的毅力和不懈的努力成就事业，甚至创造奇迹。古今中外无数英雄豪杰之所以能在充满困难的条件下最终成就伟业，一个重要的原因就在于他们胸怀崇高的理想信念，因而具有锲而不舍、披荆斩棘的动力。与此相反，一个人如果没有崇高的理想信念，就有可能浑浑噩噩，庸庸碌碌，虚度一生，甚至腐化堕落，走上邪路。

提高人生的精神境界。人生是物质生活与精神生活相辅相成的统一过程。理想信念作为个人精神生活的核心内容，一方面能使人的精神生活的各个方面统一起来，使人的内心世界成为一个健康有序的系统，保持心灵的充实和安宁，避免内心世界的空虚和迷茫；另一方面又引导人们不断地追求更高的人生目标，提升精神境界，塑造高尚人格。一个人的理想信念越崇高、越坚定，其精神境界和人格就会越高尚。

专题链接

信念无敌[①]

有一个科研小组在原始森林里迷了路，大家疲惫不堪，死亡的恐怖一点点地向他们逼近。尤其令人沮丧的是，带队的老教授身染重病，奄奄一息。大家都在想，这回恐怕真要横尸荒野了。

就在这时，弥留之际的老教授拿出一个小木箱，嘱咐大家说："这是我一生的心血，是比生命还重要的珍宝啊，你们一定要把它带出去。记住，把它交给院领导后，才能打开！"

掩埋了老教授的遗体，大家肩负着神圣的使命，带着这个沉甸甸的珍宝，历尽千辛万苦，终于走出了原始森林，脱离了死亡线。那盛满着老教授一生"心血"的小木箱被打开了，里面并没有什么珍宝，只是一块石头！

这仅仅是一块石头吗？不，那是一种信念！

在茫茫的原始森林里，冰冷僵硬的石头，有时候可以是挽救生命的珍宝——只要你心里拥有高贵不屈的信念。在这个世界上，没有什么能使你倒下，只要你的信念依然站着，帕特·伯恩如是说。

是的，信念无敌！

(2) 理想信念与个人成长成才

同学们肩负着祖国和民族的希望，承载着家庭和亲人的嘱托，满怀着对未来美好生活的向往。在大学期间，不仅要提高知识水平，增强实践才干，更要坚定科学、崇高的理想信念，明确做人的根本，这对于个人的成长成才具有重要的意义。

引导个人做什么人。人的理想信念，反映的是对社会和个人自身发展的期望。因此，有什么样的理想信念，就意味着以什么样的期望和方式去改造自然和社会、塑造和成就自身。在有理想、有道德、有文化、有纪律的"四有"新人的目标中，"有理想"处于更加突出的位置，这表明理想信念与做什么人关系重大。在大学阶段，"做什么人"是同学们在学习生活中会时时面对的人生课题，只有树立起高尚的理想信念，才能够很好地解答这一重要的人生课题。

指引个人走什么路。大学时期，同学们都普遍面临着一系列人生课题，如人生目标的确立、生活态度的形成、知识才能的丰富、发展方向的设定、工作岗位的选择，以及如何择友、如何恋爱、如何面对挫折、如何克服困难等。这些问题的解决，都需要有一个总的原则和目标，这就要确立科学、崇高的理想信念。大学时期确立的理想信念，对今后的人生之路将产生重大影响，甚至会影响个人的一生。因此，同学们应当高度重视理想信念的选择和

① 引自 http://blog.sina.com.cn/s/blog_04f1abad0102uydt.html。

确立，努力树立科学、崇高的理想信念，使将来的人生道路越走越宽广，使宝贵的一生富有价值、卓有成就。

激励个人为什么学。对每个人而言，为什么学的问题，是与走什么路、做什么人的问题紧密联系在一起的。全面建设小康社会和建设中国特色社会主义的艰巨任务需要同学们努力学习，中华民族伟大复兴的历史使命需要同学们努力学习，个人的成长成才也需要同学们努力学习。对于每个人来说，只有树立崇高的理想信念，才能明确学习的目的和意义，激发起为国家富强、民族振兴和自身成才而发愤学习的强烈责任感与使命感，努力掌握建设祖国、服务人民的本领。同学们不论今后从事什么职业，都要把个人的奋斗志向同国家和民族的前途命运紧紧联系在一起，把个人今天的学习进步同祖国明天的繁荣昌盛紧紧联系在一起，使理想信念之花结出丰硕的成长成才之果。

一个人在成长成才的道路上，并非只有成功与鲜花，也可能遇到挫折和失败。同学们对此一定要有充分的思想准备。是在逆境中奋起，还是在逆境中消沉，常常成为一个人能否成功的关键。理想信念是激励人们迎接挑战、克服困难的精神支柱和强大力量，理想信念越坚定，克服困难的勇气和意志就越坚定。

在革命战争年代，中国共产党之所以能在敌强我弱、极端困难和严酷的条件下，领导人民战胜各种艰难险阻，夺取革命胜利，就是由于党教育、培养出了一批批有坚定的共产主义理想信念的革命战士，他们前仆后继，用自己的生命和热血，唤醒了民众，战胜了敌人。在和平建设时期，千百万共产党员和人民群众同样是依靠坚定的理想信念，克服重重困难，改变了我国一穷二白的面貌，在建设和改革的事业中取得了举世瞩目的伟大成就。在当代中国，同学们所处的时代和所承担的任务与以往不同，但同样会遇到各种各样的困难和挫折，同样需要学习先辈们的革命精神，像他们一样坚定理想信念，培养克服困难和应对挑战的坚强意志。

二、树立科学的理想信念

加强思想道德修养，提高精神境界，应牢牢把握理想信念这个核心。同学们应当确立在中国共产党领导下走中国特色社会主义道路、为实现中华民族伟大复兴而奋斗的共同理想和坚定信念。同时，学生中的共产党员和先进分子，还应追求更高的目标，确立马克思主义的坚定信念，树立共产主义的远大理想。

1. 确立马克思主义的科学信仰

马克思主义是我们立党立国的根本指导思想，也是社会主义核心价值体系的灵魂。建设社会主义核心价值体系，最根本的就是要坚持马克思主义的指导地位。

马克思主义作为我们党和国家的根本指导思想，是由马克思主义严密的科学体系、鲜明的阶级立场和巨大的实践指导作用决定的，是近代以来中国历史发展的必然结果，是中国人民长期探索的历史选择。中国共产党人坚持把马克思主义的基本原理同中国革命、建设和改革的具体实践相结合，创立了毛泽东思想和中国特色社会主义理论体系两大理论成果，生动而具体地坚持和发展了马克思主义，不断赋予马克思主义新的鲜活力量。马克思主义是科学理想信念的理论基础，是牢固树立中国特色社会主义共同理想、坚定共产主义远大理想的理论前提。对于同学们而言，只有确立马克思主义的坚定信念，才能深刻认识人类社会的发展规律，深刻认识中国走社会主义道路的历史必然性，把个人理想与社会理想统一起来，为国家和社会的发展做出更大的贡献。

马克思主义是科学的又是崇高的。马克思主义深刻揭示了人类历史的发展规律，反映了无产阶级的革命本质和博大胸怀，它以解放全人类为己任，为人类的进步和解放指明了正确方向，为人们认识世界和改造世界提供了科学的立场、观点与方法。马克思主义是指导工人阶级和广大劳动人民群众实现自身解放的强大思想武器。历史上，从来没有一种理论像马克思主义那样，与工人阶级和劳动人民的命运如此紧密地联系在一起。过去曾有种种同情人民群众的思潮或学说，但只有马克思主义才真正反映和代表了人民群众的根本利益和要求，并用科学理论揭示了工人阶级获得自身解放乃至解放全人类的现实道路。马克思主义是科学性、革命性和崇高性相统一的思想体系，是工人阶级和人民群众争取自身解放的理论指南。

马克思主义具有持久的生命力。马克思主义具有与时俱进的理论品格和持久的生命力。它虽然诞生于19世纪，但并没有停留在19世纪。作为一个以指导革命与建设为己任的开放的理论体系，马克思主义不但不排斥而且能够吸收、提炼人类创造的一切科学知识，并将其用以推动社会历史的进步。马克思主义自诞生以来，不断总结社会主义革命、建设和改革的经验教训，吸收、借鉴和融合各种优秀的思想文化成果，在继承中发展，在创新中前进，始终与时代同行、与实践共进。马克思主义发展史，就是一部不断发展、完善和创新的历史。

马克思主义以改造世界为己任。马克思主义是认识世界、改造世界的科学理论。在伦敦海格特公墓的马克思墓碑上，镌刻着马克思的一句名言："哲学家们只是用不同的方式解释世界，而问题在于改变世界。"这鲜明地表明了马克思主义重视实践、以改造世界为己任的基本特征。一个多世纪以来，正是在马克思主义的指导下，社会主义由空想变成科学，由科学理论转变为社会实践，社会主义国家的出现和社会主义制度的建立，深刻改变着人类历史的走向。虽然苏联解体和东欧剧变使世界社会主义遭受了严重挫折，但是历史发展的总趋势并没有改变。特别是中国共产党人在马克思主义的指导下所探索的中国特色社会主义道路的成功实践，用无可辩驳的事实证明，社会主义具有光明的未来。同时也证明，马克思主义仍然是认识世界和改造世界的强大思想武器。对于大学生来说，学习马克思主义理论，确立马克思主义的坚定信念，最重要的是学习和掌握马克思主义的世界观和方法论，把个人的成长成才与国家的富强繁荣乃至与全人类的解放紧密联系起来，努力报效祖国，奉献社会，创造有价值的人生。

马克思主义关于人类社会必然走向共产主义的基本原理，是建立在对人类社会发展规律正确认识的基础上的科学预见。共产主义社会将是物质财富极大丰富，人民精神境界极大提高，每个人自由而全面发展的社会。共产主义只有在社会主义社会充分发展和高度发达的基础上才能实现。共产主义是一种理想、一种学说、一种制度，更是一种实践，需要一代又一代人的不懈努力。追求共产主义远大理想与坚定中国特色社会主义共同理想是统一的。胡锦涛同志曾指出："必须认识到，我们现在的努力以及将来多少代的持续努力，都是朝着实现共产主义这个最终目标前进的。同时必须认识到，实现共产主义是一个非常漫长的历史过程，我国现在仍处于并将长期处于社会主义初级阶段。我们必须从这个实际出发确定现阶段的奋斗目标，脚踏实地地推进我们的事业。”①一切有志于为人类解放事业而奋斗的同学，要胸怀共产主义的远大理想，在建设中国特色社会主义事业中积极贡献力量。

专题链接

马克思的理想信念②

马克思说过：“使人生具有意义的不是权威和表面的显赫，而是寻求那种不仅满足一己私利、且能保证全人类幸福的完美理想。”

卡尔·马克思(1818—1883)，马克思主义的创始人，第一国际的组织者和领导者，全世界无产阶级和劳动人民的伟大导师。马克思从小勤奋好学，善于独立思考。1830 年，他进入特利尔中学。中学时代，他受到法国启蒙思想的影响，已有为人类谋幸福的崇高理想。1835 年夏天，马克思即将中学毕业，他的一篇作文引起了老师的注意，这篇文章的题目是：《青年在选择职业时的考虑》。

文中有几段是这样写的：“如果人只是为了自己而劳动，他也许能成为有名的学者、绝顶聪明的人、出色的诗人，但他决不能成为真正的完人和伟人。”“如果我们选择了最能为人类福利而劳动的职业，我们就不会为他的重负所压倒，因为这是为全人类所做的牺牲，那时，我们感到的将不是一点点自私而可怜的欢乐，我们的幸福将属于千万人，我们的事业并不会显赫一时，但将永远存在。”文章中深刻的思想内容为老师们所惊叹，给他们留下了深刻的印象。

马克思从此把为全人类谋幸福作为自己的理想，并具有坚定的信念，一生不畏艰辛，努力奋斗，他和恩格斯共同创立的马克思主义学说，是指引全世界劳动人民为实现社会主义和共产主义伟大理想而进行斗争的理论武器和行动指南。

2. 树立中国特色社会主义的共同理想

中国特色社会主义共同理想是社会主义核心价值体系的主题。这个共同理想，就是在中国共产党的领导下，坚持和发展中国特色社会主义，实现中华民族伟大复兴。

中国特色社会主义共同理想，把各个阶层、各个群体的共同愿望有机结合在一起，集中体现了我国工人、农民、知识分子和其他劳动者、爱国者的利益和愿望，是保证全体人民团结奋斗、克服困难、争取胜利的强大精神武器。作为社会的一分子，同学们要正确认识社会发展规律，正确认识国家的前途命运，正确认识自己的社会责任，确立在中国共产党领导下走中国特色社会主义道路、为实现中华民族伟大复兴而奋斗的共同理想和坚定信念。

---

① 《十六大以来重要文献选编(中)》，中央文献出版社 2006 年版，第 622 页。

② 引自 http://www.worlduc.com/blog2012.aspx?bid=14106362。

坚定对中国共产党的信任。中国共产党是中国工人阶级的先锋队，同时是中国人民和中华民族的先锋队，是中国特色社会主义事业的领导核心。中国共产党的领导地位是历史形成的，是中国人民在长期的艰苦斗争中的选择。中国共产党自诞生之日起，就把马克思主义确立为自己的指导思想，在长期的实践中，用中国化的马克思主义指导中国的革命、建设和改革，建立了巨大的历史功绩，取得了举世瞩目的伟大成就。中国共产党不负历史的重托和人民的选择，不愧为伟大、光荣、正确的党。中国共产党也曾出现过失误，党的队伍中还存在消极腐败现象，但是，中国共产党是全心全意为人民服务的政党，具有敢于坚持真理、勇于修正错误的坚毅品格和博大胸怀，具有反腐倡廉的坚定决心和能力，因而能够始终保持自己的先进性。中国共产党有与时俱进的科学理论的指导，有经过实践证明了的一系列正确的路线方针政策，有亿万人民的衷心拥护和支持，有一支集中了全民族先进分子的党员和干部队伍。在当今中国，只有中国共产党，才能领导中国人民建设中国特色社会主义，才能率领中国人民实现中华民族的伟大复兴。一切有理想有抱负的中国青年和社会成员，只有在中国共产党领导下，同人民紧密结合，为祖国奉献青春，才能大有作为。

坚定走中国特色社会主义道路的信念。社会主义制度在我国的建立，实现了中国历史上最广泛最深刻的社会变革。邓小平曾指出："如果不搞社会主义，而走资本主义道路，中国的混乱状态就不能结束，贫困落后的状态就不能改变。"①新中国成立后，中国共产党带领全国人民在建设社会主义的道路上进行了开创性的、艰辛的探索，取得了巨大的成就，积累了丰富的经验，也遭遇了这样那样的挫折，付出了沉重的代价。党的十一届三中全会以来，中国共产党总结我国社会主义建设的经验教训，逐步形成了中国特色社会主义理论，开创了中国特色社会主义道路。我国经济社会发展所取得的辉煌成就雄辩地证明，中国特色社会主义符合中国国情，符合全国各族人民的利益，是中国走向富强的必由之路。坚定中国特色社会主义的共同理想信念，同学们就有了立身之本，就能够自觉地按照党和人民的要求为人、学习、做事，健康地成长成才。

坚定实现中华民族伟大复兴的信心。中华民族是一个历史悠久的伟大民族，在数千年的历史长河中，创造了辉煌的文明，为人类发展和进步做出了举世公认的重大贡献。但是近代以来，中国沦为半殖民地半封建的国家，国家积贫积弱，人民饱受磨难。为拯救民族危亡，中国人民进行了长期探索和斗争，许多志士仁人为之流血牺牲，但都没能改变中国人民的悲惨命运。中国共产党勇敢地担负起实现中华民族伟大复兴的庄严使命，团结和带领全国各族人民完成了民族独立和人民解放的历史任务，为实现民族复兴奠定了最重要的基础。社会主义制度在我国的确立，开启了在社会主义道路上实现中华民族伟大复兴的历史征程。新中国成立以来，特别是改革开放30多年来，我国社会主义建设取得了举世瞩目的巨大成就，民族伟大复兴展现出灿烂辉煌的美好前景。现在，我们比历史上任何时期都更能接近实现中华民族伟大复兴的目标，比历史上任何时期都更有信心、更有能力实现这个目标。

在中国共产党的领导下，坚持和发展中国特色社会主义，实现中华民族伟大复兴的中国梦，是实现国家富强、民族振兴、人民幸福的美好梦想。它凝聚了几代人的夙愿，体现了中华民族和中国人民的整体利益，是每一个中华儿女的共同期盼。中国梦是国家的、民族

① 《邓小平文选(第三卷)》，人民出版社1993年版，第63页。

的，也是包括社会成员在内的每一个中国人的。只有每个人都为美好梦想而奋斗，才能汇聚起实现中国梦的磅礴力量。中国梦既是历史的、现实的，也是未来的。中国梦凝结着无数仁人志士的不懈努力，承载着全体中华儿女的共同向往，需要一代又一代中国人共同为之奋斗。展望未来，在实现中国梦的伟大征程中，同学们要勇敢肩负起时代赋予的重任，志存高远，脚踏实地，努力在实现中华民族伟大复兴的中国梦的生动实践中谱写自己的壮美之歌。

专题链接

给北京大学考古文博学院 2009 级本科团支部全体同学回信[①]

（2013 年 5 月 2 日）

五四青年节即将到来之际，中共中央总书记、国家主席、中央军委主席习近平 5 月 2 日给北京大学考古文博学院 2009 级本科团支部全体同学回信，肯定他们立志为实现中华民族伟大复兴的中国梦而奋斗的理想和追求，勉励当代青年珍惜韶华、奋发有为，勇做走在时代前面的奋进者、开拓者、奉献者。回信全文如下。

2009 级本科团支部全体同学：

来信收悉。得知你们近一年来不仅校园学习取得新的进步，而且在野外考古实习中很有收获，甚为欣慰。从字里行间，我感受到了你们立志为实现中华民族伟大复兴的中国梦而奋斗的决心和信心。

你们在信中写到，中国梦让你们感受到了一份同心奋进的深沉力量，让你们更加懂得了当代青年所肩负的历史责任。说得很好。中国梦是国家的梦、民族的梦，也是包括广大青年在内的每个中国人的梦。“得其大者可以兼其小”，只有把人生理想融入国家和民族的事业中，才能最终成就一番事业。希望你们珍惜韶华、奋发有为，勇做走在时代前面的奋进者、开拓者、奉献者，努力使自己成为祖国建设的有用之才、栋梁之材，为实现中国梦奉献智慧和力量。

五四青年节即将来临，我向你们致以节日的问候。

习近平

2013 年 5 月 2 日

三、架起通往理想彼岸的桥梁

理想信念是一个思想认识问题，更是一个实践问题。理想不等于现实，现实是此岸，理

① 引自 http://news.eastday.com/c/20130504/u1a7368436.html。

想是彼岸，理想的实现往往要通过一条充满艰难险阻的曲折之路，有赖于脚踏实地、持之以恒的奋斗。实践，只有实践，才是通往理想彼岸的桥梁。

1. 坚持个人理想与社会理想的统一

把个人的命运与国家和人民的命运联系在一起，把个人理想融入社会理想之中，在为实现社会理想而奋斗的过程中实现个人理想，这是我们每个人成长成才的根本途径。

个人理想是指处于一定历史条件和社会关系中的个体对于自己未来的物质生活、精神生活所产生的种种向往和追求，它包括个人具体的社会政治理想、道德理想、职业理想和生活理想等。社会理想是指社会集体乃至社会全体成员的共同理想，指在全社会占主导地位的共同奋斗目标。

个人理想与社会理想的关系实质上是个人与社会的关系在理想层面上的反映。个人与社会有机地联系在一起，二者相互依存，相互制约，共同发展。同样，个人理想和社会理想也不是相互孤立的存在，它们之间既相互联系、相互影响，又相互区别、相互制约。

社会理想决定、制约着个人理想。这是因为，人是社会的人，追求个人理想的实践活动都是在社会中进行的，正确的个人理想不是依个人主观愿望随意确定的，从根本上说它是由社会决定的。同时，个人理想的实现，必须以社会理想的实现为前提和基础。因此，在整个理想体系中，社会理想是最根本、最重要的，而个人理想则从属于社会理想。换句话说，个人理想的确立要以社会理想为指导，个人理想的实现依赖于社会理想的实现。个人理想只有同国家、民族的前途命运相结合，个人的向往和追求只有同社会的需要和人民的利益相一致，才可能变为现实。如果一个人不顾自身所处时代的召唤，脱离自己所归属的国家和民族繁荣发展的需要，把个人理想等同于纯粹的自我设计和自我实现，一切以自我为中心，“自己想干什么就干什么”“自己想怎么干就怎么干”，那么，不仅他的人生价值取向是错误的，而且他的追求和向往也难以如愿以偿，最终一定会在现实中碰壁。

社会理想又是个人理想的凝练和升华。社会是个人的统一体，社会理想与个人理想密不可分。社会理想不是凭空产生的，也不是由外在力量强加的，而是建立在许许多多个人理想基础之上的，是个人理想的凝练和升华。一个社会占主导地位的社会理想代表和反映着这个社会占统治地位阶级的根本利益和共同愿望。社会理想的实现归根到底还要靠社会成员的共同努力，并体现在实现个人理想的具体实践之中。

作为社会的一分子，同学们对自己未来生活的追求和向往，不能脱离当代中国的社会现实。建设和发展中国特色社会主义，实现中华民族的伟大复兴，这是当代中国最大的现实，也是全体中国人民共同的社会理想。这一社会理想具有极大的包容性和方向指导性，它能够指导每一个人根据自己的特点和需要，形成自己在生活、职业、道德等方面的理想信念。那种认为社会理想与个人理想无关，甚至认为社会理想压制个人理想的看法是完全错误的。我们要大胆设计、勇于追求个人理想，自觉地把个人理想融入中国特色社会主义共同理想中，通过为实现社会共同理想而奋斗来实现个人理想，才是我们每个人正确的选择。

专题链接

给华中农业大学“本禹志愿服务队”回信[①]

（2013 年 12 月 5 日）

在中国青年志愿者行动实施 20 周年暨第二十八个国际志愿者日之际，中共中央总书记、国家主席、中央军委主席习近平给华中农业大学“本禹志愿服务队”回信，肯定他们在服务他人、奉献社会中取得的成绩和进步，勉励他们弘扬志愿精神，为实现中华民族伟大复兴的中国梦做出新的更大贡献，并向这支志愿服务队和全国广大青年志愿者致以诚挚问候和崇高敬意。回信全文如下。

“本禹志愿服务队”的同学们：

来信收悉。得知你们在徐本禹同志感召下，积极加入青年志愿者队伍，走进西部，走进社区，走进农村，用知识和爱心热情服务需要帮助的困难群众，坚持高扬理想、脚踏实地、甘于奉献，在服务他人、奉献社会中收获了成长和进步，找到了青春方向和人生目标，感到十分欣慰。值此中国青年志愿者行动实施 20 周年之际，我向你们以及全国广大青年志愿者，致以诚挚的问候和崇高的敬意！

当前，全国各族人民正在中国共产党领导下，全面贯彻党的十八大和十八届三中全会精神，满怀信心为实现中华民族伟大复兴的中国梦而奋斗。你们在信中表示，要勇敢肩负起历史赋予的责任，积极投身改革发展伟大事业，奉献社会，服务人民，说得很好。

历史和现实都告诉我们，青年一代有理想、有担当，国家就有前途，民族就有希望，实现中华民族伟大复兴就有源源不断的强大力量。希望你们弘扬奉献、友爱、互助、进步的志愿精神，坚持与祖国同行、为人民奉献，以青春梦想、用实际行动为实现中国梦做出新的更大贡献。

习近平

2013 年 12 月 5 日

2. 立志高远与始于足下

中国传统文化中有许多励志警句。例如，孔子说，“三军可夺帅也，匹夫不可夺志也”；墨子说，“志不强者智不达”；诸葛亮说，“志当存高远”。这里的“志”具有双重含义：一是对未来目标的向往；二是实现奋斗目标的顽强意志。志向，就是理想信念；立志，就是确立理想信念。

立志当高远。志向是青春的火焰，是生命的动力；远大的志向如太阳，唯其大，才有永不枯竭的热能；如灯塔，唯其高，才能照亮前进的航程。有志者，事竟成；有大志者，人生事业才能辉煌。志向高远，就是要放开眼界，不满足于现状，也不屈服于一时一地的困难与挫折，更不要斤斤计较个人私利的多与少、得与失。大量事实告诉我们，那些在事业上取得伟

① 引自《人民日报》，2013 年 12 月 06 日 01 版。

大成就、对人类做出卓越贡献的人，都是在青年时期就立下了鸿鹄之志，并为之坚持不懈、努力奋斗。周恩来中学时期就立下了“为中华崛起而读书”的志向；李四光、钱学森、邓稼先等老一代知识分子，青年时期就立志用自己的聪明才智报效祖国。树雄心、立壮志，是关系我们每个人一生前途命运的重大课题。

立志做大事。中国民主革命的先行者孙中山先生当年曾激励广大青年：要立志做大事，不要立志做大官。其中的道理就是希望青年人以国家民族的命运为己任，而不要以个人的荣华富贵为人生的理想。如果一个人不顾自身所处时代的召唤，脱离自己所归属的国家和民族繁荣发展的需要，把个人理想等同于个人奋斗，一切以自我为中心，天马行空，独来独往，那么，不仅他的人生价值取向是错误的，而且这种追求因为脱离了国家、民族和时代的需要，也往往是难以实现的。在今天，做大事就是献身于中国特色社会主义伟大事业。无论从事什么具体或平凡的工作，只要是与这一伟大事业相联系的，是服务于祖国和人民的，就值得我们去做，就是大事。在当代中国，同学们应该把个人的命运与国家和人民的命运联系在一起，胸怀祖国，服务人民，立志为祖国和人民的利益而奋斗，真正做到“以服务人民为荣、以背离人民为耻”，在为实现社会理想而奋斗的过程中实现个人理想。

立志须躬行。漫长的征途需要一步一步地走，崇高理想的实现需要一点一滴地去奋斗。通往理想的路是遥远的，但起点就在脚下，在一切平凡的岗位上，在扎扎实实的学习和工作中。古人说：“合抱之木，生于毫末；九层之台，起于累土；千里之行，始于足下。”实现崇高的理想，要从我做起，从现在做起，从平凡的工作做起。著名数学家华罗庚曾语重心长地对青年学子们说，踏踏实实、循序渐进，与雄心壮志、力争上游并不矛盾，不踏踏实实打好基础，就无法攻尖端、攀高峰，有时表面上看好像是爬上去了，但实际底子是空的。华罗庚认为，雄心壮志只能建立在踏实的基础上，否则就不叫雄心壮志，“雄心壮志需要有步骤、一步步地、踏踏实实地去实现，一步一个脚印，不让它有一步落空”。①

伟大出自平凡。社会需要杰出人物，更需要千千万万个普通劳动者。祖国的富强、民族的繁荣，需要每一个社会成员尽其才、奋其志。我们每做好一项工作，都是为建设中国特色社会主义事业添砖加瓦，都是为通向民族伟大复兴的宏伟目标铺路搭桥。只要是为国家和民族做出贡献，无论是杰出人物还是普通劳动者，都是伟大的。昨天已经过去，明天还没有到来，最现实且最需把握的是今天。与其在夕阳西下的时候进行美妙的幻想，不如在旭日东升之际勤奋投入工作；与其在垂暮之年因理想未能实现而懊悔不已，不如趁风华正茂之时躬身实践、奋斗不止。

专题链接

志当存高远②

原文：夫志当存高远，慕先贤，绝情欲，弃疑滞，使庶几之志，揭然有所存，恻然有所感；

① 《华罗庚诗文选》，中国文史出版社1986年版，第188页。

② 引自《诸葛亮集·诫外甥书》。

忍屈伸,去细碎,广咨问,除嫌吝,虽有淹留,何损于美趣,何患于不济。若志不强毅,意不慷慨,徒碌碌滞于俗,默默束于情,永窜伏于凡庸,不免于下流矣。

译文:一个人应当有高尚远大的志向,仰慕先贤,戒绝情欲,抛弃阻碍前进的因素,使先贤的志向,在自己身上显著地得到存留,在自己内心深深地引起震撼;要能屈能伸,丢弃琐碎,广泛地向人请教咨询,去除猜疑和吝啬,这样即使因受到挫折而滞留,也不会损伤自己的美好志趣,又何必担心达不到目的。倘若志向不刚强坚毅,意气不慷慨激昂,那就会碌碌无为地沉湎于流俗,默默无闻地被情欲束缚,势必永远沦入凡夫俗子之列,甚至免不了成为庸俗的下流之辈。

3. 认清实现理想的长期性、艰巨性和曲折性

理想变为现实不是一蹴而就、一帆风顺的,往往会遭遇挫折和坎坷。在现实生活中,人们对于理想的美好有着充分的想象,而对于理想实现的艰难则往往估计不足。渴望早日实现理想,希望顺利实现理想,这是人之常情,但是如果把实现理想设想得过分容易,对前进道路上的困难缺乏思想准备,那就会影响理想的实现,甚至会导致人们在困难面前对理想失去信心。因此,在确立理想和实现理想的过程中,要充分认识理想实现的长期性、艰巨性和曲折性。

理想的实现是一个过程。一般来说,理想越是高远,它的实现过程就越复杂,需要的时间就越长。人们对实现理想所需要时间的估计往往偏少,然而事实上理想的实现常常比事先所预料的时间要长,特别是比较高远的理想,当人们热切期待着它的到来时,它却总是姗姗来迟。理想实现的长期性是对人们的毅力和信心的考验,对此必须做好充分的思想准备。

纵观人类社会发展史,任何一种社会政治理想的实现都不是轻而易举的,必然会遇到各种各样的困难和波折,充满着艰险和坎坷。在阶级社会中,进步阶级在实现社会政治理想的过程中,必然会受到反动阶级的残酷镇压。所以,要实现理想、创造未来,就必须有战胜种种艰难险阻的坚定不移的信心和坚韧不拔的毅力。

正确对待实现理想过程中的顺境与逆境。执着追求的人总会经历顺境与逆境等不同人生境遇,并感受着顺逆中的甘苦、福祸与荣辱。在顺境中前进,如同顺水行舟,天时、地利、人和等有利因素,使人们更容易接近和实现目标。但是顺境中的宽松气氛、优越条件又容易使人滋生骄娇二气,使人自满自足,意志衰退。在逆境中奋斗,犹如逆水行舟,需要付出更大的努力和更多的艰辛才可能成功。但是,逆境只是增大了人们向理想目标前进的难度,而不是消解了实现理想目标的可能性。事物常常具有两面性,在逆境中向理想目标奋斗,可能会有顺境中难以得到的收获。逆境的恶劣环境,对于挑战者而言,可以磨炼意志、陶冶品格,积累战胜困难的经验,丰富人生阅历。只要树立必胜的信念,坚持科学的态度,逆境不但不会把人打倒和压垮,反而能使人的潜能最大限度地迸发出来,创造出乎意料的奇迹。

因此,当身处顺境时,切莫得意忘形,因为顺境可能只是一时的,必须做好遇到逆境的准备;当身处逆境时,也勿悲观失望,只要勇于战胜逆境,顺境就在前面。无论是顺境还是逆境,对人生的作用都是双重的,关键是怎样去认识和对待它们,只要善于利用顺境,勇于正视逆境和战胜逆境,远大的理想就一定能够实现。

专题链接

习近平总书记在同各界优秀青年代表座谈时的讲话（节选）[①]

（2013年5月4日）

青年朋友们，人的一生只有一次青春。现在，青春是用来奋斗的；将来，青春是用来回忆的。人生之路，有坦途也有陡坡，有平川也有险滩，有直道也有弯路。青年面临的选择很多，关键是要以正确的世界观、人生观、价值观来指导自己的选择。无数人生成功的事实表明，青年时代，选择吃苦也就选择了收获，选择奉献也就选择了高尚。青年时期多经历一点摔打、挫折、考验，有利于走好一生的路。要历练宠辱不惊的心理素质，坚定百折不挠的进取意志，保持乐观向上的精神状态，变挫折为动力，用从挫折中吸取的教训启迪人生，使人生获得升华和超越。总之，只有进行了激情奋斗的青春，只有进行了顽强拼搏的青春，只有为人民做出了奉献的青春，才会留下充实、温暖、持久、无悔的青春回忆。

4. 在实践中化理想为现实

理想之花灿烂，理想之果甘美，要使理想开花结果，必须用辛勤的汗水来浇灌。肩负建设和发展中国特色社会主义历史重任的同学们，应当把实现理想的道路建立在脚踏实地的奋斗上，坚持“以艰苦奋斗为荣、以骄奢淫逸为耻”，有意识地培养自己艰苦奋斗的品质。

正确认识理想与现实的关系是实现理想的思想基础。人们在确立理想和追求理想的过程中，常常会感受到理想与现实的矛盾，也容易对理想与现实的矛盾产生困惑。这就需要正确认识和把握理想与现实的关系。

有一种认识偏向，是用理想来否定现实。当发现现实并不符合理想的时候，就对现实大失所望，甚至对社会现实采取全盘否定的态度。还有一种认识偏向，是用现实来否定理想。当发现理想与现实的矛盾时，觉得实现理想很困难、很渺茫，认为还是“实际”一点好，不要做什么“理想主义者”，对于现实中一些消极乃至丑恶的现象不愤怒、不斗争，甚至与之同流合污，有的人因此陷入拜金主义、享乐主义和极端个人主义的泥潭而不能自拔。

之所以会出现这些认识误区，从思想方法上讲，是由于不能辩证地看待和处理理想与现实的矛盾。理想和现实存在着对立的一面。理想受现实的规定和制约，不能脱离现实而幻想未来。理想与现实的矛盾与冲突，属于“应然”和“实然”的矛盾。假如理想与现实完全等同，那么理想的存在就没有意义。理想与现实又是统一的。理想之树深深扎根于现实的沃土之中，理想是在对现实认识的基础上发展起来的。现实是理想的基础，理想是未来的现实。一方面，现实中包含着理想的因素，孕育着理想的发展，在一定条件下，现实必定要转化为理想。另一方面，理想中也包含着现实，既包含着现实中必然发展的因素，又包含着由理想转化为现实的条件，在一定的条件下，理想就可以转化成为未来的现实。脱离现实而谈理想，理想就会成为空想。

① 引自新华网 http://news.xinhuanet.com/mrdx/2013－05/06/c_132360875.htm。

坚定的信念是实现理想的重要条件。 追求崇高的理想，仅有美好的愿望是远远不够的。追求理想目标需要有执着的信念。没有对理想的执着，要想实现宏伟的理想是不可能的。自信和毅力来源于对理想的执着追求，也是实现理想的强大精神力量。

在人生实践中，仅仅有对美好理想的向往是不够的，还必须正确认识社会发展的规律。只有对科学理想坚信不疑，才能坚定自己的向往和追求，并将理想落实到行动上。对于同学们而言，要努力学习马克思主义理论，特别是要学习和掌握反映当代中国社会发展规律的马克思主义中国化的最新成果，才能更加深刻地认识当今世界和当代中国，把握社会历史发展的规律，更加坚定科学、崇高的理想信念。

为理想而献身，是人生的最高境界，也是实现理想的重要条件。理想的实现需要付出艰辛的努力，只有勇于献身、不畏艰苦的人才有可能达到成功的彼岸。在革命战争年代，仁人志士们经历了多少艰难困苦和多少流血牺牲，而鼓舞着他们不畏牺牲、不懈奋斗的，正是为理想而献身的精神。李大钊曾指出，"老于旅途的人，走到平坦的地方，固是高高兴兴地向前走，走到崎岖的境界，愈是奇趣横生，觉得在此奇绝壮绝的境界，愈能感得一种冒险的美趣"，"要知在艰难的国运中建造国家，亦是人生最有趣味的事"。[①] 我们每个人都应该树立起为国家和民族的社会理想而献身的精神，不断磨炼自己的意志和毅力，在追求理想的过程中进一步坚定理想信念。

勇于实践、艰苦奋斗是实现理想的根本途径。 理想必须通过实践才能转变为现实。再好的理想，如果不付诸行动，就没有实际意义。历史上，凡有成就者，其渊博的知识、卓越的才能、闪光的智慧、不朽的业绩，多是从艰苦奋斗中得来。艰苦奋斗是成就伟业不可或缺的条件。一个缺乏艰苦奋斗精神的民族，是难以自立自强的；一个缺乏艰苦奋斗精神的国家，是难以发展进步的；一个缺乏艰苦奋斗精神的政党，它的事业是难以兴旺发达的。讲艰苦奋斗，并不是要无谓地自讨苦吃，而是为了实现既定的理想，不怕吃大苦、耐大劳，不惜献出自己的一切。在通向理想的道路上，在实现理想的过程中，没有艰苦奋斗的精神，理想是不会自动转化为现实的。

艰苦奋斗，其主旨在于奋斗，其价值在于为事业而奉献。艰苦奋斗绝不是一时的权宜之计。过去，中国共产党领导人民发扬艰苦奋斗的精神，取得了革命、建设和改革的巨大成就；现在，我们全面建设小康社会、加快推进社会主义现代化，同样需要艰苦奋斗。那种认为"艰苦奋斗是老一辈的事，当代我们不需要艰苦奋斗"的观点，在理论上是错误的，在实践中是有害的。物质生活条件的改善，社会观念的变化，只是赋予了艰苦奋斗新的时代内涵和实践要求，但艰苦奋斗的精神是永远不会过时的。艰苦奋斗始终是激励我们为实现国家富强、民族振兴而共同奋斗的强大精神力量。

作为个人来说，要把敢于吃苦、勇于奋斗的精神落实到日常的学习、生活和工作中。在学习上，刻苦钻研、不畏艰难，孜孜不倦地学习理论和专业知识，不断提高思想道德和专业知识水平；在生活上，提倡艰苦朴素、勤俭节约，抵制和反对铺张奢华的思想和生活作风；在工作上，奋发图强，不怕困难，不避艰险，努力完成各项任务。践行艰苦奋斗精神，是我们每个人实现理想的根本途径。

---

① 李大钊：《李大钊文集（第四卷）》，人民出版社 1999 年版，第 355 页。

专题链接

用坚守实现梦想[1]

保定学院西部支教优秀毕业生代表　李桂枝

“到西部教书去，那里更需要我们！”“到祖国最需要的地方去，那里才是我实现人生价值的地方！”这是14年前我们在校园里发出的青春誓言。2000年8月，带着年轻人的梦想和追求，保定学院15名毕业生踏上了西去的列车，赴新疆且末县任教。“且末人民苦，一天半斤土，白天吃不够，晚上还要补。”恶劣的自然环境考验的不仅是我们的身体，更考验着对自己选择的坚持。但且末人民热情、真诚，维吾尔族同胞们淳朴、善良，十几年来，我们和当地的维吾尔族同胞建立了深厚的感情，孩子们的成长更使我们感到选择的意义。

现在，在新疆，学校教育成了同民族分裂分子争夺下一代的主阵地。作为一名人民教师，我们深感肩上责任重大。新疆的各族青少年才是新疆未来社会的支柱，我们有责任教育好他们，帮助他们树立正确的世界观、人生观、价值观，把他们培养成维护新疆政治稳定、经济社会发展的中坚力量。不管前方追梦的道路是平坦还是泥泞，既然选择了教师这个职业，一切都应为学生、为梦想而努力。

岁月的坚守中，最让我们难以承受的是对父母健康的牵挂，与父母长期分离不能照顾他们的愧疚以及他们病重时无法表达孝心的痛苦。“只有荒凉的沙漠，没有荒凉的人生！”14年来，我们扎根在边疆，奋斗在基层，尽自己最大的努力诠释着这一誓言。14年来，正是新疆且末这片沃土滋润了我们的成长，我们更加坚信这里才是我们实现人生价值的地方。

一个人的选择只有契合时代要求，符合人民的需要，才会有意义、有价值。中国的发展不能没有西部，西部教育事业的发展总得有人义无反顾地付出，注定需要一代人甚至几代人的奉献和牺牲。我们愿意选择坚守，扎根边疆，把最大的孝与爱献给西部的父老，献给边疆的孩子，献给伟大的祖国！

课后讨论

1. 理想信念是时代的航标、人生的灯塔，这种神奇的作用是如何形成的？查阅一些资料，看看你能否回答这个问题。

2. 中华民族有着悠久的文明史，理想信念始终是引导中华文明前进的旗帜。你能梳理一下这面旗帜的历史演进过程吗？

3. 理想的实现需要与主客观条件相协调，根据你设计的人生理想，分析一下要实现它存在着哪些有利条件，还有哪些不利条件？当前，你应当从哪些主要方面做进一步的努力？

---

① 引自 http://news.gmw.cn/2014-05/05/content_11214040.htm。

思 考 题

1. 结合自身实际，谈谈理想信念对每个人成长成才的重要意义。

2. 如何理解马克思主义指导思想在社会主义核心价值体系中的地位？

3. 如何认识个人理想与中国特色社会主义共同理想的关系？

4. 如何认识立志高远与始于足下的关系？联系历史与现实，谈谈对实现理想的长期性、艰巨性和曲折性的认识。

5. 结合自身实际，谈谈如何在实践中化理想为现实。

第三章　领悟人生真谛　创造人生价值

人生的道路虽然漫长，但紧要处常常只有那么几步，特别是人年轻的时候。

——柳青

大学时代，是同学们形成正确人生观的关键时期。在这个时期，系统学习人生观理论，结合个人实际和社会现实，深入思考"人的本质是什么""人生为了什么""怎样的人生更有意义"等问题，明辨是非、善恶、美丑的界限，对于同学们领悟人生真谛、创造人生价值至关重要。

一、树立正确的人生观

人的生命过程不仅是一个自然过程，还包含着极为丰富的社会内容。人不仅活着，还要生产、交往、创造，形成一定的人生价值目标，以一定的人生观指导自己的行为，赋予人生这样或那样的意义。成就什么样的人生，除了受客观历史条件和机遇等因素的影响之外，在很大程度上，将取决于人们有什么样的人生观。

1. 人生观的科学内涵

领悟人生真谛，首先要对"人是什么"或"人的本质是什么"有一个科学的认识。人的自我认识既是一个古老的问题，又是一个现实的问题。在中外思想史上，许多思想家都从不同的角度提出了自己的见解，其中不乏真知灼见，为科学揭示人的本质提供了大量的思想资料。马克思运用辩证唯物主义和历史唯物主义的立场、观点和方法，揭开了人的本质之谜。他指出："人的本质不是单个人所固有的抽象物，在其现实性上，它是一切社会关系的总和。"从而使人的本质问题在人类历史上第一次得到了科学的说明。

任何人都是处在一定的社会关系中从事社会实践活动的人。社会属性是人的本质属性，人的自然属性也深深打上了社会属性的烙印。每一个人从他来到人世的那天起，就从属于一定的社会群体，同周围的人发生着各种各样的社会关系，如家庭关系、地缘关系、业缘关系、经济关系、政治关系、法律关系、道德关系等。这些社会关系的总和决定了人的本质。人们正是在这种客观的、现实的、不断变化的社会关系中塑造自我，成为真正意义上的人，成为具有个性特征的自我。在实际生活中，人们不断面对各种各样的问题，逐渐地认识和领悟人生，形成与自己的生活阅历、实际体验密切相关的人生观。

人生观是人们在实践中形成的对于人生目的和意义的根本看法，它决定着人们实践活动的目标、人生道路的方向和对待生活的态度。人生观主要是通过人生目的、人生态度和人生价值三个方面体现出来的。人生目的，回答人为什么活着；人生态度，表明人应当怎样对待生活；人生价值，判别什么样的人生才有意义。这三个方面相互联系、相辅相成，有机统一为一个整体。其中，人生目的是人生观的核心。有什么样的人生目的，就会有什么样的人生态度，就会追求什么样的人生价值。

人生观是世界观在对待人生问题上的具体表现，是世界观的重要组成部分。作为人们对生活在其中的世界以及人与世界的关系的总体看法和根本观点，世界观决定人生观，有什么样的世界观，就有什么样的人生观。正确的世界观，是正确的人生观的基础，人们对人生意义的正确理解，需要建立在对世界发展客观规律正确认识的基础之上。在这个意义上可以说，人生观从属于世界观，没有正确的世界观，也就不可能有正确的人生观。同时，人生观又对世界观的巩固、发展和变化起着重要的作用。一个人的人生观如果发生变化，往往会导致世界观发生变化。现实生活说明，一个人即使曾经树立起了正确的世界观，但在人生实践中如果经不起拜金主义、享乐主义和极端个人主义等腐朽人生观的侵蚀，放弃了为人民服务的人生观，那么，正确的世界观必然也会丧失。

专题链接

关于生活态度的名言①

最惨的破产就是丧失自己的热情。

——阿诺德

只要你有一件合理的事去做，你的生活就会显得特别美好。

——爱因斯坦

真正的幸福只有当你真实地认识到人生的价值时，才能体会到。

——穆尼尔·纳素夫

与其说人类的幸福来自偶尔发生的鸿运，不如说来自每天都有的小实惠。

——富兰克林

有研究的兴味的人是幸福的！能够通过研究使自己的精神摆脱妄念并使自己摆脱虚荣心的人更加幸福。

——拉美特利

一个人除非自己有信心，否则不能带给别人信心，自己信服的人，方能让别人信服。

——佚名

① 引自 http://www.banbaowang.com/mingrenyulu/27067/。

幸福不在于拥有金钱，而在于获得成就时的喜悦以及产生创造力的激情。

——罗斯福

我们醒来的每一天都是一个新的开始，又一个机遇。为什么要把时间浪费在自怜、懒散、自私上呢？

——卡西·拜特

2. 追求高尚的人生目的

人的活动具有目的性和自觉性，这是人与其他动物很重要的一个区别。人生目的是指生活在一定历史条件下的人，对“人为什么活着”这一人生根本问题的认识和回答，是人在人生实践中关于自身行为的根本指向和人生追求。人生目的在人生实践中具有重要的作用。

人生目的决定走什么样的人生道路。一方面，人生目的规定了人生活动的大方向，对人们所从事的具体活动起着定向的作用；另一方面，人生目的又是人生行为的动力源泉，为实现人生目的，人们会注重培养能力、磨炼意志、奋发进取、努力拼搏。古今中外众多创造了辉煌壮丽人生的志士仁人，多在青年时期就确立了正确的人生目的，从而在解决人生的一系列重大课题时，做出正确的选择，始终朝着正确的人生发展方向前进。

人生目的决定持什么样的人生态度。人生道路崎岖不平，面对各种各样的矛盾和斗争，不同的人生目的会使人采取不同的人生态度。正确的人生目的可以使人无所畏惧、顽强拼搏、积极进取、乐观向上；错误的人生目的则会使人或是投机钻营、铤而走险、违法犯罪，或是虚度人生、游戏人生、放纵人生，或是悲观消沉、看破红尘、厌世轻生。在历史上和现实生活中，许多事业有成者，无不是在正确的人生目的支配下，以昂扬乐观的人生态度正确对待人生的坎坷。

人生目的决定选择什么样的人生价值标准。正确的人生目的会使人懂得人生的价值在于奉献，从而在工作中尽心、尽力、尽职、尽责；错误的人生目的则会使人把人生价值理解为向社会或他人进行索取，从而以追逐个人私利为有价值、有意义的人生，以对国家、社会、集体和他人尽义务为无价值、无意义的人生。

可见，人生目的是人生的航标，它指引着人生的航向。不同的人生目的会有不同的人生选择，不同的人生选择决定着不同的人生追求，不同的人生追求决定着不同的人生价值。

专题链接

人生命运[①]

三十多年前的一个深冬，一位从京城“下放”的老教授，携家眷来到我们村安家落户，接受贫下中农再教育，或者说劳动改造。老教授一家四口(夫妻俩及他们的小女儿和长孙)就

① 纪广洋:《心态和命运》,《学习之友》,2008年第10期。

住在我家的后院里，而且一住就是10多年。在那特殊的年代里，我们一家人对老教授的态度是不一样的，尤其是我的两个叔叔。

二叔当时是村里的民兵连长，“思想觉悟”非常高，自以为爱憎分明、能随时划清敌我界线，对老教授一家视若仇敌，自动“肩负”起监视和“教育”老教授一家人的“义务”，常常对老教授横眉冷对，恶言恶语。

三叔则恰恰相反，当时还在读中学的他，对老教授一家视若亲人，对知识渊博的老教授更是毕恭毕敬、非常崇拜，在攀谈求教的同时，还经常帮老教授一家挑水磨面干杂活。老教授特别喜欢我三叔，常和他有说有笑，甚至彻夜长谈。后来，他还送给我三叔许多书。

1977年恢复高考时，已辍学三四年的三叔，在老教授的鼓励和指导下，以全县第一名的优异成绩考入清华大学。同时考上清华大学的还有老教授的小女儿——后来成了我的三婶。

次年，老教授夫妇和他们的孙子被专车接回北京。如今，我三叔、三婶也早已是学富五车的博士生导师，成了国家的栋梁。而我的二叔至今还生活在农村，毫无作为。新时期的改革大潮、党的富民政策也没能改变他的处境。他在家乡富饶的土地上依然过着贫困的生活，走着自己苍白的人生之路。

一个人的世界观和处世态度，也就是我们常说的心态，往往决定了他一生的前途和命运。

3. 确立积极进取的人生态度

讨论人生目的问题，是为了认识生活应有的意义，明确人生应追求的目标和方向；讨论人生态度问题，有助于思考人的一生应该有怎样的生活，从而知道应该如何对待生活。

(1) 人生态度与人生观

所谓人生态度，是指人们通过生活实践所形成的对人生问题的一种稳定的心理倾向和基本意图。每个人在人生实践中，都会遇到义利、荣辱、善恶、苦乐、得失、成败、祸福、生死等人生矛盾，如果以正确的人生态度对待和处理这些问题，就可以正确地把握人生，取得人生的成功。

人生态度的形成既是一定社会环境影响的结果，也是一个复杂的心理过程，其中，认知、情感、意志是起着主要作用的三种心理要素。认知是人从环境中获取知识和应用知识的活动，它包括感觉、知觉、记忆、想象和推理等心理现象。情感指人在认识客观事物时所产生的内心体验，它包括满意与不满意、愉快与不愉快、喜爱与不喜爱等倾向。意志指人自觉确定目的，有意识地组织、调节行为，并按主观意愿排除障碍和克服困难的心理过程，它是人的意识的能动方面，也是人的主体性的心理表现。当这些相关因素和条件发生变化时，人们的人生态度往往也会随之发生改变。

人生态度是人生观的重要内容。一个人有什么样的人生观就会有什么样的人生态度，当一个人对人生观做出了某种明确的选择，实际上就在主要的方面决定了他将如何对待生活，决定了他在实践中将以怎样的方式处理各种人生问题。反过来，一个人对人生的态度如何，往往又制约着他对整个世界和人生的看法，从而对个人的世界观、人生观也具有重要的影响。

人生态度是人生观的表现和反映。一个人如果不思考人的生命应有的意义，对什么事都显得“无所谓”，当一天和尚撞一天钟，这实际上是庸碌无为的人生观的表现。一个人如果抱着“浮生如梦”“及时行乐”“今朝有酒今朝醉”的混世态度，其背后必然是低俗、庸碌和沉沦的人生观。一个人如果“看破红尘”，满眼只见烦恼、痛苦和荒谬，以悲怨愤懑、心灰意冷的倦怠态度对待生活，其背后必然是消极悲观的人生观。与上述情况相反，一个人满怀希望和激情，热爱生活、珍视生命，勇敢坚强地战胜困难并不断开拓人生新境界，其背后一定有一种正确的人生观作为精神支柱。

(2) 端正人生态度

人生态度既制约着一个人对人生矛盾和问题的认识与把握，又影响着一个人的精神状态和人生走向。在现实生活中，人们的人生态度千差万别，有理性的也有非理性的，有乐观的也有悲观的，有积极的也有消极的。

人生须认真。以认真的态度对待人生，就是要严肃思考人的生命应有的意义，明确生活目标和肩负的责任，既要清醒地看待生活，又要积极认真地面对生活。同学们要正确地认识和处理人生中遇到的各种问题，不能得过且过、放纵生活、游戏人生，否则就会虚掷光阴，甚至误入歧途。要对自己负责、对家庭负责、对国家和社会负责，自觉承担起自己应尽的责任，满腔热情地投身于生活、学习和工作中，认认真真地做好每一件事，在为国家发展和社会进步贡献力量的过程中实现自己的人生价值。

人生当务实。要从人生的实际出发，以科学的态度看待人生、以务实的精神创造人生，以求真务实的作风做好每一件事。要把远大的理想寓于具体的行动中，不能好高骛远、空谈理想、眼高手低、浅尝辄止，否则就会脱离实际，一事无成。要坚持实事求是的思想方法和人生态度，正确面对人生理想与现实生活之间的矛盾，遵循客观规律，透过复杂现象把握事物的本质，更好地把人生意愿与个人情况和社会实际结合起来，从小事做起，从身边事做起，脚踏实地、一步一个脚印地实现人生目标。

人生应乐观。乐观向上，热爱生活，对人生充满自信，体现了对自己、对社会、对生活的积极态度，这种态度是人们承受困难和挫折的心理基础。人生是丰富多彩的，也充满了各种矛盾和问题。大学阶段，同学们处于人生特定的学习阶段，面对学习、工作、恋爱等各种实际问题，许多事情不会总是尽如人意，也可能有失望和暂时的困难和挫折。要始终保持乐观向上的人生态度，不能因为没满足自己的期望或者遇到困难和挫折，就消极悲观、畏难退缩，甚至颓废堕落、自暴自弃，更不能因此而轻生。要相信生活是美好的，前途是光明的，遇事要想得开，做人要心胸豁达，在生活实践中不断调整心态，磨炼意志，优化性格，形成热爱生命、乐观向上的人生态度。

人生要进取。人生实践是一个创造的过程。适应历史发展的趋势，以开拓进取的态度迎接人生的各种挑战，就能不断领悟美好人生的真谛，体验生活的快乐和幸福。要积极进取，不断丰富人生的意义，不能贪图安逸、满足现状、因循守旧、碌碌无为，否则人生就会失去应有的光彩。要发扬自强不息、敢为人先、百折不挠、坚韧不拔的精神，始终保持蓬勃朝气、昂扬锐气，充分发挥生命的创造力，在为他人谋福利、为社会做贡献中努力提升生命的价值，在创造中书写人生的灿烂篇章。

专题链接

无题[①]

（美）道格拉斯·玛拉赫

如果你不能成为山顶上的高松，那就当棵山谷里的小树吧——但要当棵溪边最好的小树。

如果你不能成为一棵大树，那就当丛小灌木；

如果你不能成为一丛小灌木，那就当一片小草地。

如果你不能是一只香獐，那就当尾小鲈鱼——但要当湖里最活泼的小鲈鱼。

我们不能全是船长，必须有人来当水手。

这里有许多事让我们去做，有大事，有小事，但最重要的是我们身旁的事。

如果你不能成为大道，那就当一条小路；

如果你不能成为太阳，那就当一颗星星。

决定成败的不是你尺寸的大小——而在做一个最好的你！

4. 正确认识人生价值

价值是一个含义十分复杂的范畴，在不同的语境中具有不同的含义。在哲学中，价值的一般本质在于，它是现实的人的需要与事物属性之间的一种关系。某种事物或现象具有价值，是指该事物或现象能满足人们某种需要，并成为人们的兴趣、目的所追求的对象。在日常生活中，价值是人们经常会碰到的问题，如做事说话经常要考虑“值不值得”“有没有益处”“美不美”，这里的“值”“益”“美”就是一种价值判断。人们的认识和实践与价值判断密切相关。当人们从事交往、学习、工作、娱乐、休闲活动时，头脑中就包含着关于这些活动的功用乃至善恶、美丑的某种价值判断。

价值观是人们关于什么是价值、怎样评判价值、如何创造价值等问题的根本观点。价值观的内容，一方面表现为价值取向和价值追求，它们凝结为一定的价值目标；另一方面表现为价值尺度和准则，成为人们判断事物有无价值及价值大小、光荣还是可耻的评价标准。思考价值问题并形成一定的价值观，是人们使自己的认识和实践活动达到自觉的重要标志。

作为一种社会意识，价值观集中反映一定社会的经济、政治、文化，代表了人们对生活现实的总体认识、基本理念和理想追求。实际生活中，社会的价值观念系统十分复杂，在经济社会深刻变革、思想观念深刻变化的条件下，往往会呈现出多元化、多样性、多层次的格局。然而，任何一个社会在一定的历史发展阶段上，都会形成与其根本制度和要求相适应的、主导全社会思想和行为的价值体系，即社会核心价值体系。社会核心价值体系是社会基本制度在价值层面的本质规定，体现着社会意识的性质和方向，不仅作用于经济、政治、

① 引自 http://www.juzimi.com/ju/378973。

文化和社会生活的各个方面，而且对每个社会成员价值观的形成都具有深刻的影响。

人生价值是一种特殊的价值，是人的生活实践对于社会和个人所具有的作用和意义。选择什么样的人生目的，走什么样的人生道路，如何处理生命历程中个人与社会、现实与理想、付出与收获、身与心、生与死等一系列矛盾，人们总是有所取舍、有所好恶，对于赞成什么、反对什么，认同什么、抵制什么，总会有一定的标准。人生价值就是人们从价值角度考虑人生问题的根据。

在关于人生的思考中，回答"为什么"的问题，即人生目的问题，要以人生的价值特性和对于人生的价值评价为根据。一个人自觉地追求自己认定的人生目的，是因为他对自己选择的生活做了肯定的价值判断，认为这样的生活具有或者能够创造价值。回答"怎么样"的问题，即人生态度问题，同样要以对人生的价值判断为根据。一个人以这样或那样的方式对待生活，处理生活实践中遇到的各种问题，是因为在他看来，他所选择的这样或那样的生活方式才是有意义的。对人生价值的看法，在整个人生观体系中具有重要地位，它在深层次上影响、制约和指导人们的实践活动，为人们的人生目的和人生态度的选择提供依据。同学们只有正确地理解人生价值的内涵，明是非、辨善恶、知荣辱，才能在实践中最大限度地创造人生的价值，成就人生的辉煌。

专题链接

我的信念①

(法)玛丽·居里

生活对于任何一个男女都非易事，我们必须有坚韧不拔的精神；最要紧的，还是我们自己要有信心。我们必须相信，我们对一件事是有天赋的才能，并且，无论付出任何代价，都要把这件事情完成。当事情结束时，你要能够问心无愧地说："我已经尽我所能了。"

……

在近50年来，我致力于科学研究，而研究基本上是对真理的探讨。我有许多美好快乐的回忆。少女时期我在巴黎大学，孤独地过着求学的岁月。在后来的长期研究中，我丈夫和我专心致志地，像在梦幻中一般，艰辛地在简陋的书房里研究，后来我们就在那儿发现了镭。

我在生活中，永远追求安静的工作和简单的家庭生活。为了实现这个理想，所以后来我要竭力保持宁静的环境，以免受人事的侵扰和盛名的喧扰。

我深信在科学方面，我们是有着对事而不是对人的兴趣。当皮埃尔·居里和我考虑是否在我们的发现上取得经济上的利益时，我们都认为这是违反我们的纯粹研究观念的，因而我们没有申请镭的专利，也就抛弃了一笔财富。我坚信我们是对的。诚然，人类需要寻求现实的人，他们在工作中，获得最大的报酬。但是，人类也需要梦想家——他们对于一件忘我的事业的进展，受了强烈的吸引，使他们没有闲暇，也无热诚去谋求物质上的利益。我的唯一奢望，是在一个自由国家中，以一个自由学者的身份从事研究工作……

① 引自 http://space.flash8.net/space/?719780/viewspace-391457.html。

5. 用科学高尚的人生观指引人生

由于人们在现实社会关系中的地位不同，经济利益和政治立场不同，生活经历、人生境遇、认识水平不同，人们对人生的看法也不同。不同的人生观往往意味着不同的生活道路和生活方式，并赋予人生以不同的意义。因此，在科学的理论和方法的指导下，选择正确的人生观，摒弃错误的人生观，是同学们应该严肃对待的重大人生课题。

尽管在人类历史长河中涌现过形形色色的人生观，但只有以为人民服务为核心内容的人生观才是科学高尚的人生观，才值得同学们终生遵奉和践行。

一个树立了为人民服务人生观的人，就能对人生的目的有更为深刻的理解，时刻把人民群众的利益放在心上，力求为人民多做好事。一个人的能力有大小，职业有不同，职位有高低，但只要有了为人民服务的人生观，就能够时时处处为人民着想，助人为乐，造福人民，成为受人民群众欢迎的人。全心全意为人民服务的精神，毫不利己、专门利人的精神，应当成为我们时代最崇高的精神。

人的一生总会遇到各种各样的人生境遇，有得意有失意、有顺利有挫折、有成功有失败，只要树立起为人民服务的人生观，就能以积极的心态看待人生的意义，把个人的努力与人民的事业结合起来，胸怀远大理想，积极投身社会实践，热爱生活、珍视生命，用坚韧不拔的意志勇敢战胜生活、学习和工作中的种种困难和挫折，在不断开拓人生更高境界中领会生活的美好。

树立为人民服务的人生观，要坚决抵制各种错误人生观的影响。

反对拜金主义。拜金主义人生观是一种认为金钱可以主宰一切，把追求金钱作为人生至高目的的人生观。在人类历史上，有了金钱就有了对金钱的崇拜，但拜金主义作为一种社会思潮却是伴随着资本主义的发展而形成的。拜金主义人生观将金钱神秘化、神圣化，视金钱为圣物，以追逐和获取金钱作为人生的目的和生活的全部意义，金钱成为衡量人生价值的唯一标准。用拜金主义指导生活实践，并由此确立人生目的，其危害显而易见："神圣"的金钱成为人的存在和全部实践活动的目的，个人生命的意义就会如人们所评价的那样，"可怜到只剩下钱了"；人与人之间除了赤裸裸的利害关系和冷酷无情的金钱交易，再没有其他的关系，人的尊严和情感被淹没在金钱的冰水之中。拜金主义是引发钱权交易、行贿受贿、贪赃枉法等丑恶现象的重要思想根源。

反对享乐主义。享乐主义人生观是一种把享乐作为人生目的的人生观，主张人生的唯一目的和全部内容就在于满足感官的需求与快乐。人们在辛勤劳作之后享受生活，这是正当的需要，是有利于经济社会发展的。然而，如果把享乐尤其是感官的享乐变成唯一目的，作为一种"主义"去诠释人生的全部意义，则是对人的需要的一种偏狭理解，由此确立的人生目的是不正确的。比如，一些同学用父母辛苦劳作挣来的血汗钱比阔气、摆排场，在消费上超出自己的承受能力，追逐名牌和奢侈品，有的甚至因此负债累累。这些错误的观念和行为，不仅危害个人的健康成长，而且危害社会风气。

反对极端个人主义。个人主义人生观是一切从个人出发，把个人的利益放在集体利益之上的人生观，主张个人本身就是目的，具有最高价值，社会和他人只是达到个人目的的手段。个人主义是生产资料私有制的产物，是资产阶级世界观的核心。在资产阶级革命的早期，在争取个人权利和自由、反对封建专制方面，个人主义具有积极意义，但是从19世纪开始，一些敏锐的资产阶级思想家就已经意识到它同时还具有销蚀社会的一面。20世纪以来，西方思想家对个人主义的批判更是不绝于耳。个人主义作为资产阶级的人生观，与社会主义的为人民服务的人生观是根本对立的。极端个人主义是个人主义人生观的一种表现形式，它突出强调以个人为中心，否认社会和他人的价值，甚至不惜采用损人利己的方式来追求自己的人生目标。我们应旗帜鲜明地反对极端个人主义。

上述种种错误的思想和观念，尽管在形式上五花八门，内容不尽一致，但它们却有着共同的特征。其一，它们都表达了剥削阶级的人生观对人生目的的主张，反映的都是狭隘的剥削阶级的腐朽观念，不可能具有劳动人民的宽广胸怀和远大志向，更不能代表人民群众的利益。其二，它们都没有把握个人与社会的正确关系，忽视或否认社会性是人的存在和活动的本质属性，它们讨论人生问题的出发点和落脚点都是偏狭的一己之私利。其三，它们对人的需要的理解是片面的，夸大了人生的某方面需要，而无视人的全面性和人生的整体需要。同学们应当顺应时代潮流，在科学理论的指导下，认清这些错误思想和腐朽观念的实质，选择并追求高尚的人生目的，在奉献社会和服务人民的人生实践中完善自我、创造人生的美好价值。

专题链接

国家最高科学技术奖获得者——吴孟超[①]

吴孟超，1922年出生，福建闽清人。1927年侨居马来西亚，1940年回国求学，1949年毕业于上海同济大学医学院。吴孟超是我国肝胆外科的开拓者和主要创始人之一。

在一次采访中，主持人向吴孟超老人提出了一个问题。

主持人：您对病人的情感总令病人难以忘怀，据说经常有些跟您素不相识的病人，在门口碰到您，跟您打一声招呼，您就会把他推荐到各个科室去检查，结果您的同事还以为那是您的亲戚。

吴孟超：这主要是因为我把自己定位为一个医生。你的职业就是这个，所以你一定要关心病人，爱护病人，热情接待病人。作为病人来讲，我感觉到他们得了病已经很痛苦，而且有的还很穷，再加上病痛就已经非常困难了，这个时候就要给他同情，要帮助他解决困难，这是我们医生的本分职责。一个人在最困难的时候，如果有人能够伸出手帮助他，他会感激你一辈子。我说我这一辈子要能躺倒在手术台上，就算是光荣地结束了。我的意思是说，我要一直工作到哪天不能做了，就算了。生命在于活动，生命在于贡献，不是贪婪的享受。

① 引自http://www.qstheory.cn/tbzt/gzzg/wmc/xjsjwmc/201105/t20110519_81407.htm。

二、创造有价值的人生

人生的意义，需要从人生价值的角度进行审视和评价。人们只有找到了自己所认为的生活意义的正确答案，才会自觉地朝着选定的目标努力，以全部的情感、意志、信念去创造有价值的人生。

1. 人生价值的标准与评价

正确对待人生价值，不仅要正确认识人生价值的内涵和特征，还要正确认识和把握评价人生价值的客观标准。

(1) 人生的自我价值与社会价值

人生价值内在地包含了人生的自我价值和社会价值两个方面。人生的社会价值，是个体的人生活动对社会、他人所具有的价值。衡量人生的社会价值的标准是个体对社会和他人所做的贡献。人生的自我价值，是个体的人生活动对自己的生存和发展所具有的价值，主要表现为对自身物质和精神需要的满足程度。

人生的社会价值和自我价值，既相互区别，又密切联系、相互依存，共同构成人生价值的矛盾统一体。人总是生活在社会之中的，离开了社会的个体就无法生存和发展；社会是由众多个体构成的有机体，离开了个体的社会是不可思议的。一方面，人生的自我价值是个体生存和发展的必要条件。个体提高自我价值的过程，就是努力通过自我完善以实现全面发展的过程。人生自我价值的实现构成了个体为社会创造更大价值的前提。另一方面，人生的社会价值是实现人生自我价值的基础，没有社会价值，人生的自我价值就无法存在。个体的人生活动不仅具有满足自我需要的价值属性，还必然地包含着满足社会需要的价值属性。人是社会的人，这不仅意味着个体物质和精神的需要必须在社会中才能得到满足，还意味着以怎样的方式和多大程度上得到满足也是由社会决定的。一个人的需要能不能从社会中得到满足，在多大程度上得到满足，取决于他的人生活动对社会和他人的贡献，即他的社会价值。

(2) 人生价值的标准

人是社会的人，总是生存和活动于各种各样的社会关系当中，并受到一定社会关系的制约。在实际生活当中，人们会选择自己的人生道路，通过一定的方式实现自己的人生目的，以独特的思想和行为赋予生活实践以个性特征。不过，任何个体的人生意义只能建立在一定的社会关系和社会条件基础之上，并在社会中才能得以实现。离开一定的社会基础，个人就不能作为人而存在，当然也无法创造人生价值。人的社会性决定了人生的社会价值是人生价值的最基本内容。一个人的生活具有什么样的价值，从根本上说是由社会所决定的，而社会对于一个人的价值评判，也主要是以他对社会所做的贡献为标准。个体对社会和他人的生存和发展贡献越大，其人生的社会价值也就越大；反之，人生的社会价值就越小。

人生价值评价的根本尺度，是看一个人的人生活动是否符合社会发展的客观规律，是否通过实践促进了历史的进步。劳动以及通过劳动对社会和他人做出的贡献，是社会评价一个人的人生价值的普遍标准。一个人对社会和他人所做的贡献越大，他在社会中获得的人生价值的评价就越高。劳动和贡献的尺度作为社会评价人生价值的基本尺度，正是对人生价值评价根本尺度的一种具体化。当前，衡量人生的价值，标准就在于看一个人是否以自己的劳动和聪明才智为中国特色社会主义真诚奉献，为人民群众尽心尽力服务。

专题链接

袁隆平千亿身价的社会价值①

袁隆平超过1 000亿元的身价，足以让富豪榜上的"大款"们黯然失色。虽然这样的比较不那么崇高，但它对当代青年仍有启迪意义。

袁隆平的千亿身价并不直接体现在他个人的财富上，而是更多地体现在他为社会创造的财富中。近年来，全国杂交水稻年种植面积2.4亿亩左右，全中国年增产的稻谷可以养活7 000多万人口。7 000万意味着什么？每个人都能掂出其中的分量。

对普通百姓来说，1 000亿元是一个天文数字。但是，如果将袁隆平对社会的贡献折成金钱，那么，这1 000亿元又是高山底下的一块黄土，是钱袋子里掉下的一枚硬币，根本算不上什么。

不仅如此，袁隆平淡泊名利的人生态度、脚踏实地的奋斗精神，甚至他追求自由的真我性情，都闪烁着独特的人格魅力。

袁隆平从没将追求金钱作为自己的人生追求，却成了名副其实的"富翁"。只要他愿意，杂交水稻就是其取之不竭的"摇钱树"，但他不是一个整天想着捞钱的人。袁隆平的经历，再次验证了成功路上的一个规律：整天一门心思想着捞钱的人，往往两手空空；不为钱而活着的人，反而是最富有的人。

每一个人在年轻的时候，都曾无数次地思考这样的问题：怎样才能实现自己的价值？哪里有成功的捷径？袁隆平成为"杂交水稻之父"的奋斗经历及"让世界远离饥饿"的远大理想告诉我们，只有将个人价值与奉献社会结合起来，一个人的成功才是最有价值的。只有将崇高的理想建立在一项项具体甚至枯燥的工作上，一个人的奋斗才是扎实的，也是离成功最近的。

(3) 人生价值的评价

比较客观、公正、准确地评价社会成员人生价值的大小，除了坚持科学的标准外，还需要掌握恰当的评价方法，做到以下四个坚持：

坚持能力有大小与贡献须尽力相统一。每个人的职业不同、能力大小不同，对社会贡献的绝对量也不同，不能简单地认为能力大的人就实现了人生价值，能力小的人就没有实

① 引自http://www.southcn.com/news/community/shms/200705230181.htm。

现人生价值。考察一个人的人生价值，要把个人对社会的贡献同他的能力以及与能力相对应的职责联系起来。任何人，只要在自己的岗位上尽职尽责，兢兢业业，就应该对其人生价值给予积极肯定的评价。

坚持物质贡献与精神贡献相统一。在现实生活中，人们容易把个人对社会的贡献局限于物质贡献，而忽视其精神贡献。其实，社会的发展与进步是物质文明和精神文明的共同发展与进步，评价人生的价值，不仅要看个人对社会做出的物质贡献，也要看其对社会做出的精神贡献。社会劳动的内容是物质生产劳动和精神生产劳动的相互转化和统一，精神贡献同样是社会发展的巨大推动力。

坚持完善自身与贡献社会相统一。人生的社会价值是实现人生自我价值的基础，评价人生价值的大小主要应看一个人的人生活动对社会所做的贡献。但这并不意味着要否认人生的自我价值。社会是人创造并由个体组成的，人的自我完善和全面发展、人生自我价值的实现将使个体为社会创造更大价值奠定更好的基础。

坚持动机和效果相统一。动机和效果是相辅相成的，动机引发行为，行为造成效果；效果由行为造成，行为由隐藏其后的动机支配。一般说来，动机善，相应地效果也善；动机恶，效果也恶。但是，行为的动机与效果并不总是一致的，在某些情况下，善的动机也可能产生恶的效果，恶的动机也可能产生善的效果。在人生价值的评价中，既要看动机又要看效果，联系动机看效果，透过效果察动机。评价一个人的人生价值，既要在坚持动机和效果辩证统一的基础上，注重其人生实践的最终结果，又要全面考察其具体的人生实践历程。

2. 人生价值实现的条件

所谓人生价值的实现，实际上是人的内在价值转化为外在价值，并作用于社会，对社会产生一定的积极影响的过程。

（1）人生价值实现的社会条件

实现人生价值要从社会客观条件出发。人生价值是在社会实践中实现的，人的创造力的形成、发展和发挥都要依赖于一定的社会客观条件。在人类历史上，许多有抱负有才能的人之所以未能实现自己的人生价值目标，就是因为缺乏实现人生价值的社会客观条件。一般说来，随着社会的进步，人生价值实现的社会客观条件也在不断地改善。我国社会主义制度的建立和完善，改革开放以来所形成的良好的经济、政治、文化和社会条件，为人们实现人生价值提供了广阔的舞台。同学们要珍惜难得的历史机遇，把自己的人生价值目标建立在正确把握当今中国社会发展所提供的条件的基础上，努力、充分地实现自己的人生价值。

人生价值目标要与社会主义核心价值体系相一致。社会主义核心价值体系集社会主义价值理念之大成，在所有社会主义价值目标中处于统摄和支配地位，是中国特色社会主义社会的主导价值，体现了和谐社会建设所需要的文化认同和价值追求，是人们观察世界、判断事物的基本标准。我们要学会运用科学的世界观和方法论，正确认识社会发展规律，正确把握社会思想意识中的主流和支流，正确辨识社会现象中的是非、善恶、美丑，确立与社会主义核心价值体系相一致的人生价值目标。

(2) 人生价值实现的个人条件

实现人生价值要从个体自身条件出发。个体自身条件主要包括一个人的思想道德素质、科学文化素质、生理心理素质等方面的要素。每个人的自身条件都会与其他人有一定的差异，某一个具体的价值目标，对这个人来说是恰当的、比较容易实现的，而对另一个人来说却未必如此。因此，应当实事求是地根据自身的条件来确定自己的人生价值目标。青年时期是一个人自身条件变化较大的阶段，再加上社会经验、人生阅历等方面的限制，人们往往容易把主观的想象当作对自身条件的认知，夸大或者低估自身的能力，不切实际地抬高或者贬低自己，从而给人生价值的实现带来意想不到的障碍。因此，客观地认识自己，是确定人生价值目标的重要前提。

不断提高自身的能力，增强实现人生价值的本领。人在自然天赋上有这样那样的差异，在实现人生价值的过程中不可避免地要受到自身条件的限制，但这并不是说，人的主观努力不起作用。个人的主观努力，在相当大的程度上决定着一个人的人生价值的实现程度。人的能力具有累积效应，能够通过学习、锻炼而得到强化。比如，一个人最初只有参与劳动的一般体力条件，但在劳动过程中，他会不断地提高技巧，积累经验，劳动能力就会不断得到增强。对于同学们而言，当前正处于增长知识才干的关键时期，可以通过各种方式和途径，全面提高自身的综合素质和能力，努力创造实现人生价值的良好条件。

立足于现实，坚守岗位做贡献。人生价值终究要通过自己所从事的事业展现出来。不是每个人都能成为爱因斯坦，但是每个人都能在自己的岗位上脚踏实地、埋头苦干，发挥聪明才智，为社会做出贡献，实现自己的人生价值。人生价值，尤其是人生的道德价值的实现就在尽职尽责、奋发努力的过程中。

实现人生价值要有自强不息的精神。"天行健，君子以自强不息"。我们每个人要实现自己的人生价值，都需要在实践中继承和弘扬这种自强不息的精神。畏惧劳苦，贪图安逸，坐享其成，最终只能虚度年华，抱憾终生。只要人生价值目标符合社会总目标，即使自身条件有所欠缺，也要尽心尽力、一往无前。始终保持自强不息的精神状态，人生终会有价值。

专题链接

天道酬勤①

没有人能只依靠天分成功，上帝给予了天分，勤奋将天分变为天才。

曾国藩是中国历史上最有影响的人物之一，然而他小时候的天赋却不高。有一天他在家读书，对一篇文章重复不知道多少遍了，还在朗读。因为，他还没有背下来。这时候他家来了一个贼，潜伏在他的屋檐下，希望等读书人睡觉之后捞点好处。可是等啊等，就是不见他睡觉，还是翻来覆去地读那篇文章。贼人大怒，跳出来说，这种水平读什么书？然后将那文章背诵一遍，扬长而去！

① 引自 http://www.worlduc.com/blog2012.aspx?bid=7923976。

曾国藩虽然没有过人的天赋，但他却肯多付出辛劳，能对一篇文章百读不厌。因为他的勤奋，因为他的好学，成就了他的辉煌人生。

勤能补拙是良训，一分辛苦一分才。伟大的成功和辛勤的劳动是成正比的，有一分劳动就有一分收获，日积月累，从少到多，奇迹就可以创造出来。

3. 在实践中创造有价值的人生

社会实践是人生价值真正的源头活水，是实现人生价值的必由之路。对于同学们而言，在实践中创造有价值的人生具有特殊的要求。

走与人民群众相结合的道路。人民群众是历史的创造者，是国家的主人。我们要在为人民群众服务、实现人民群众利益的过程中实现个人的人生价值，走与人民群众相结合的道路。向人民群众学习，从人民群众中吸取营养，做中国最广大人民的利益的维护者，才能使自己的人生大有作为。

走与社会实践相结合的道路。艰辛知人生，实践长才干，这是古往今来许多人成就事业的经验总结。同学们不仅要刻苦学习书本知识，而且要努力与社会实践相结合，在社会实践中探求真知。社会实践是知识创新的源泉，是检验真理的试金石，也是个人锻炼成长的有效途径。同学们要把所学的知识运用于改造客观世界和主观世界的实践中，善于为实践而学，善于在实践中学。

在当今中国，最重要的社会实践，就是全面建设小康社会、加快推进社会主义现代化、实现中华民族伟大复兴的实践。同学们是国家的希望、民族的未来，肩负着使社会主义事业兴旺发达的历史使命，大家只要与时代同步伐、与祖国共命运、与人民齐奋进，就能实现最大的人生价值，创造无悔的青春。

三、科学对待人生环境

创造有价值的人生，总是在一定的环境中进行的，人生价值能否实现以及实现的程度，与如何对待人生环境有重要关联。所谓人生环境，就是人们的社会实践活动所赖以展开的各种关系的总和。科学对待人生环境，主要就是要协调好自我身心的关系、个人与他人的关系、个人与社会的关系、人与自然的关系等。

1. 促进自我身心的和谐

每个人都有身和心两个基本方面。身指人体的生理组织以及身体的机能；心指人的心理或精神活动，通常用知、情、意来概括。身心关系不仅历来是哲学、心理学、医学、教育学等学科关注的问题，而且也是人们在生活实践中经常碰到的问题。人们经常用“身心健康”或“身心疲惫”来形容身心的状态。一般说来，身（生理）是心（心理）的物质基础，心为身的精神机能，两者相互作用，作为有机统一体对人的生活实践产生影响。一个健康的人，不仅要有健康的生理，还要有良好的心理，即所谓“身心健康”。协调身心关系以及身心与外部环境的关系以保证人自身系统的健康和活力，是保持身心健康的关键环节。一个人自觉地调适心理，保持心理健康，能够为人生价值的实现创造良好的自我环境。

人不仅是自然人，同时又是社会人。人必须在某种特定的社会环境中生活，人的成长和发展过程始终受到社会环境的影响和制约，因此，影响心理健康的因素是复杂的、多方面的，它是生理、心理、社会、文化诸因素交互作用于个体的结果。

结合自身的情况，同学们应学会自觉地调适心理、保持心理健康。

树立科学的世界观、人生观、价值观。正确的世界观、人生观、价值观，能够使社会个人正确认识社会发展规律，认识国家的前途命运，认识自己的社会责任，从而为社会个体的人生提供导向，也为其心理活动提供“定位系统”，为培养良好的心理素质奠定基础。因此，正确的世界观、人生观、价值观有助于个人坚定自信心，并产生悦纳自我的价值情感体验，在积极进取中锻炼自己的意志品质，获得承受挫折和适应环境的能力，从而做到冷静而稳妥地处理事情；同时也能使个体心胸开阔、保持乐观主义精神，提高对心理冲突和挫折的耐受能力，从而提高心理素质，保持心理健康。

掌握应对心理问题的科学方法。人一旦遇到心理困惑或问题，就要敢于正视它们，切不可采取逃避应付的态度，这就需要学会客观地认识问题、分析问题，从而正确地解决问题。首先要掌握科学的思维方法。这样，当面对众多困难和挫折时，才能分清轻重缓急和先后主次，抓住主要矛盾及矛盾的主要方面各个击破，而不至于焦虑彷徨、手足无措，甚至对自己失去信心，对前途感到渺茫。其次要学习心理健康知识，提高心理健康意识，自觉维护个人的身心健康。

合理地调控情绪。兴奋、愉悦等情绪有助于提高人们学习、工作的效率和生活的质量，而不满、抱怨、悲伤等情绪易使人消沉，降低学习和工作效率，长期处于焦虑、抑郁等情绪中还会消磨自己的意志，甚至降低人的免疫力，影响身体健康。因此，同学们在产生心理困惑时，首先要弄清自己的情绪状态，对不良的情绪和生活中的烦恼要及时合理地宣泄或转移，积极进行自我心理调适。

积极参加集体活动，增进人际交往。集体活动可以锻炼个人的组织能力、表达能力、创造能力和交际能力。同学们可以通过集体活动增进相互了解和理解，并在此基础上获得友情。健康的人际交往有利于交往各方的学习进步、个性完善、情绪稳定。同时，健康的人际关系也可以使同学们获得一个社会支持系统，当遇到个人一时解决不了的心理问题时，就可以及时向他人求助。

此外，积极参加体育锻炼，保持身体健康，也是促进心理健康的重要途径。

专题链接

不必苛求完美[1]

美国作家哈罗德·斯·库辛写过一篇《你不必完美》的文章。在文中，他写了这样一个

① 引自 http://www.docin.com/p-532900136.html。

故事：因为在孩子面前犯下了一个错误，他感到非常内疚。他思忖自己在孩子心目中的美好形象从此被毁，怕孩子们不再爱戴他，所以他不愿意主动认错。在内心的煎熬下，他艰难地过着每一天。终于有一天，他忍不住主动给孩子们道了歉，承认了自己的错误，他惊喜地发现，孩子们比以前更爱他了。他由此发出感叹：人犯错是在所难免的，往往那个经常会有些错失的人是可爱的，没有人期待你是圣人。

一个完美的人，从某种意义上来说，他也是一个可怜的人，他体会不到生活里有所追求的、有所希冀的感觉。正因为完美，他也无法体会到当自己得到了一直追求东西的那种喜悦的感觉。

所以，我们不必苛求完美。

杰出的科学家霍金是个全身瘫痪的残疾人，伟大的音乐家贝多芬听不到自己创作的乐曲，但他们的一生，却是欢乐多于痛苦的一生。

人生宛若一支球队，最优秀的球队也会丢分，最差劲的球队也有过辉煌的时刻，我们追求的目的，就是尽可能让自己得到的多于失去的。

2. 促进个人与他人的和谐

每个人在社会生活中都要与他人打交道，与他人结成各种各样的关系。个人与他人的关系是每个人都必须面对的，是人与社会关系直接而具体的体现。明确个人在与他人关系中的定位，处理好个人与他人的关系，才能为人生价值的实现创造良好的人际环境。

个人与他人的关系，在本质上是社会关系尤其是社会利益关系的表现形式。人类要生存，首先必须满足各种需要。任何需要都是一定主体在一定的生产关系的基础上，在一定的客观条件下，对一定对象的需要，都必然通过一定的社会关系才能实现。因此，处理个人与他人的关系，关键是要处理好个人与他人的利益关系。

在求学期间，同学之间可能有这样那样的不同意见或矛盾，但没有根本的利益冲突。要自觉地维护同学之间的和睦和团结，做到在名利面前让一步、在工作和困难面前抢一步，尊重他人利益和集体利益。同时，协调人际关系，必须坚守做人做事的原则，以国家利益、集体利益为重，以原则促团结，而不是奉行“好人主义”，当“好好先生”。要明确是非标准，光明磊落，一身正气，踏踏实实做事，堂堂正正做人。只有这样，才能真正处理好个人与他人的关系。要讲正气，重大义，而不要搞江湖义气；要交诤友，而不要交酒肉朋友。心胸坦荡，坚持原则，直言规劝有错误的朋友，才能获得真正的友谊，才能真正处理好个人与他人的关系。

(1) 促进个人与他人的和谐应坚持的原则

平等原则。平等待人是协调个人与他人关系的前提，是人与人之间建立情感的基础，也是人际交往的一项基本原则。与人交往，应当以平等的姿态出现，切忌嫌贫爱富，不能因为家庭、地位、经历、特长、能力等方面的原因而对人另眼相看。不盛气凌人，不高人一等，给别人以充分的尊重，才有可能形成人与人之间的心理相容，产生愉悦、满足的心境，形成和谐的人际交往关系。因此，同学们在人际交往中应坚持平等原则，尊重他人，理解他人，关心他人，帮助他人，建立起有利于成长和进步的人际关系。同时，要把自尊和尊重他人有机地结合起来。每个人都希望在交往过程中得到别人的尊重，但只有尊重他人才能赢得他人的尊重。平等待人就是要学会将心比心，学会换位思考，只有平等待人，才能换取别人对自己的平等相待。

诚信原则。诚信是协调个人与他人关系的保证。诚信包含着诚实和守信两方面的意思，“诚”是“信”的内在思想基础，“信”是“诚”的外在表现。诚信历来被视作处理个人与他人关系的基本准则。诚信要求在交往中，彼此应当抱着心诚意善的动机和态度，相互理解、接纳和信任，重信用、守信义。人际交往中的真诚，主要表现在为人处事言行一致、表里如一。一个心地坦诚、纯洁无私的人，对同学、对朋友应该永远心口如一。只有这样，才能得到别人的信任。那种矫饰、伪装、抑制自己的真情的人是难以获得美好的友情的。

宽容原则。宽容是协调个人与他人关系必不可少的条件。宽容就是心胸宽广，处事大度，对非原则性的问题不斤斤计较。在与他人的交往中，由于性格、经历、文化和修养等差异的存在，因误会、不解和意见分歧而产生人际矛盾是不可避免的，这时就要求遵循宽容的原则，严于律己，宽以待人，求同存异，相互包容。宽容对于协调个人与他人的关系具有重要的意义，它有助于扩大交往空间，也有助于消除人际间的紧张和矛盾。当然，宽容不能趋于怯懦，宽容不等于无原则地一味容忍退让，更不等于拿原则做交易，在实际交往的过程中要善于把宽容与对坏人坏事的姑息迁就区别开来。

互助原则。互助是协调个人与他人关系的必然要求。在人和人的交往中，相互关心，相互帮助，对增强彼此的理解，加深彼此的感情，有着重要的意义。同学们在学习、生活和工作中，总会遇到这样那样的困难，每一个人既离不开他人的帮助，也能够帮助他人，因此，在交往中了解他人的困难，主动地帮助他人，为他人排忧解难，是交往关系中一个重要的原则。只有学会帮助别人，才能在自己需要的时候得到别人的帮助。中国传统道德中的扶危济困、助人为乐、雪中送炭、与人为善等古训所讲的道理，在今天仍然具有积极的意义。

专题链接

人生四句话①

一位少年去拜访一位年长的智者。少年问：“我如何才能变成一个自己愉快，也能给别人愉快的人呢？”

智者说：“我送你四句话吧！第一句话是，把自己当成别人。”少年回答：“是不是说，在我感到痛苦和忧伤的时候，就把自己当成别人，这样就会减轻自己的痛苦；当我欣喜若狂时，把自己当成别人，那狂喜就会变得静如止水？”智者微微颔首：“第二句话是，把别人当成自己。”少年沉思片刻说：“把别人当成自己，就可以真正地同情别人的不幸，理解别人的需求，并且在别人需要的时候给予适当的帮助，对吗？”智者以慈善的眼光应诺，继而说：“第三

① 引自 http://www.ketangwu.com/html/tests/69/201312/139915/1.html。

句话是，把别人当成别人。”少年接着说：“这就是说，要充分尊重别人的独立性，在任何情况下都不可侵犯别人的核心和领地？”智者哈哈大笑，连忙说：“好，好，孺子可教也！第四句话是，把自己当成自己。这理解起来很难，留着今后自己慢慢品味吧！”少年说：“好。但是，这四句话之间有许多自相矛盾的地方，我用什么才能把它们统一起来呢？”

智者说：“这很简单，用一生的时间和经历。”

人的一生要遭遇很多不幸，在错综复杂的矛盾中生存。如果想挣脱矛盾的绳索，走出生活的泥泞，越过激流险滩，看到人生的阳光和微笑，你就得辩证地对待一切事物。“把自己当成别人，把别人当成自己，把别人当成别人，把自己当成自己。”这样，才能给别人以安慰，给自己以安慰，给别人以帮助，给自己以帮助，给别人以微笑，给自己以微笑。

(2) 正确认识和处理竞争与合作的关系

在社会主义市场经济条件下，人们的竞争意识普遍增强。我们每一个人在个人与他人的关系上都面临着一个共同的课题，即如何处理好竞争与合作的关系。同学们要在思想上正确地认识竞争与合作的关系，更要在行动上正确地处理竞争与合作的关系，使公平竞争与友好协作相得益彰。

正确认识竞争。在社会生活中，竞争有多种表现形式，体育比赛、智力竞赛是竞争，学校里的考试、评优、人才的选拔也是竞争。一般说来，竞争是具有积极意义的，它有助于激发竞争主体的进取心，有助于竞争主体客观地评价自我、扬长避短、展现才华、不断提高，从而有助于推动社会的发展。竞争也可能产生消极的影响，比如在竞争中经常遭遇失败就可能使人产生自卑感和挫折感，而在竞争中经常获胜又容易滋长骄傲自大的情绪。尤其值得注意的是，采取不正当的手段进行的恶性竞争，既是人际交往的大忌，也是个人品德修养的大忌。同学之间的竞争绝不可以不择手段，绝不可以通过损害对方来达到取胜的目的。大家在竞争中要有规则意识，要守法守德，要讲风格讲合作，不能把竞争与合作对立起来。

正确认识合作。一个人、一个群体的力量总是有限的。“众人拾柴火焰高”，真正伟大的力量在于团结协作，团结有力量，团结能制胜。社会越发展，人们合作的范围越广大，合作的形式也越多样。合作是事业成功的土壤。任何事业的成功，都需要良好的合作。同时，合作能增强人的社会责任感和归属感，有助于实现个人的外在价值。合作能强化人的协调意识，增强人与人的亲和力。

正确处理好竞争与合作的关系。从形式上看，竞争与合作是对立的，而从本质上看，二者又是相互伴随、相互统一的。竞争离不开合作，竞争获得胜利，通常总是某一群体内部或多个群体之间通力合作的结果；合作也离不开竞争，没有竞争的合作就缺乏活力。竞争促进合作的广度和深度，合作又增强竞争的实力，正是这种竞争中的合作和合作中的竞争，推动着人类社会不断发展和进步。要鼓励竞争、提倡竞争、保护竞争，同时又要提倡合作，提倡互相关心、互相爱护、互相帮助。

专题链接

竞争与合作的名言[①]

唯宽可以容人,唯厚可以载物。

——薛宣

我不应把我的作品全归功于自己的智慧,还应归功于我以外向我提供素材的成千成万的事情和人物。

——歌德

我们的事业是正义的,我们的团结是坚强的。

——约·迪金森

我们知道个人是微弱的,但是我们也知道整体就是力量。

——马克思

“商场上没有永远的朋友,也没有永远的敌人”。这蕴含哲理的名言揭示了竞争与合作的辩证关系,竞争不排斥合作。

美国商界有句名言:“如果你不能战胜对手,就加入到他们中间去。”现代竞争,不再是“你死我活”,而是更高层次的竞争与合作,现代企业追求的不再是“单赢”,而是“双赢”和“多赢”。

台湾广告界有句名言:与其被国际化,不如去国际化。

3. 促进个人与社会的和谐

人生的内容是由复杂多样的社会关系和社会活动构成的。个人与社会不可分离,社会是个人生存和发展的基础,个人是构成社会的前提。正如马克思所说:“人是最名副其实的政治动物,不仅是一种合群的动物,而且是只有在社会中才能独立的动物。”[②]个人与社会既是对立的又是统一的。只有科学地把握个人与社会的辩证关系,协调好个人与社会的关系,才能为人生价值的实现创造良好的社会环境。协调个人与社会的关系,关键在于把握个人在社会中的定位。

正确认识个体性与社会性的统一关系。人具有个体性,有其特定的思维、行为方式和需要。人总是从自己特有的角度去认识和评价外界事物,表现出自己的个性和独立性。人又具有社会性。人是社会的人,处于一定的社会关系之中,在社会中获得生存和发展的条件。任何个人的个体性都打上了深深的“社会性”的烙印。人的个体性与社会性是辩证统一、相辅相成的。人的个体性中蕴含着社会性。人以个体的形式存在,同时又以社会的形式存在。在生物本能上,人只有在社会中才能获得生命生存和延续的条件,在自身价值的实现上,也只有在社会关系中才能找到途径并具有可能。人的这种社会性,意味着人必须

① 引自 http://www.rz520.com/baidu/mingyan/lizhimingyan/25258.html。

② 马克思,恩格斯:《马克思恩格斯文集(第 8 卷)》,人民出版社 2009 年版,第 6 页。

经过充分的社会化的洗礼，使个体性与社会性统一起来，才能获得自我发展、自我完善的基本条件。人的个体性和社会性的统一在人的发展中具有重要意义。

正确认识个人需要与社会需要的统一关系。 人作为独立的个体存在，有维持个体生存和发展的基本需要。但是，人的需要不同于动物的需要，即使是人的本能需要，也深深地打上了社会历史的印记，成为一种社会性的需要。人的需要的满足，只能借助于社会，凭借一定的社会关系，是通过一定的社会方式实现的。因此，个人需要不纯粹是个人的，它或多或少是社会需要的反映，受社会物质和精神文化发展水平的制约。社会需要也不是脱离个人需要独立存在的，社会需要是个人需要的集中体现，是社会全体成员带有根本性、全局性需要的反映。孤立地、不联系社会需要来考虑个人需要，将使个人需要失去基础和条件，还可能导致个人欲望、个人需要的无限膨胀，最终不仅不能使个人需要得到满足，甚至还可能使个人走上危害社会、违法犯罪的道路。

正确认识个人利益与社会利益的统一关系。 个人与社会的关系，归根到底是个人利益与社会整体利益的关系。个人与社会都有生存和发展的需要，个人生存和发展的需要体现在社会关系中就是个人利益，社会生存和发展的需要体现在社会关系中就是社会整体利益。在社会主义社会中，个人利益与社会整体利益在根本上是一致的，社会利益离不开个人利益，个人利益也离不开社会利益。社会整体利益不是个人利益的简单相加，而是所有人利益的有机统一，它体现了作为社会成员的个人的根本利益和长远利益，是个人利益得以实现的前提和基础，同时它也保障着个人利益的实现。个人应自觉地维护自己身处其中的社会整体利益。当个人利益一旦与社会利益发生矛盾时，个人利益要自觉服从社会利益。

正确认识享受个人权利、自由与承担社会责任、义务的统一关系。 个人的权利、自由是在社会中获得的，没有社会，个人的权利、自由都无从谈起。离开了个人对社会所承担的责任和应尽的义务，个人的权利、自由也就无从实现。因此，享受个人的权利、自由与承担社会的责任、义务是统一的。但是承担社会的责任、义务并不与享受个人的权利、自由简单对应，在道德要求上，不能把享受个人的权利、自由作为承担社会的责任与义务的先决条件。承担社会的责任和义务，为社会做贡献，是社会存在和发展的必不可少的前提。只有人人承担起自己应尽的责任和义务，为社会多做贡献，社会的财富才能不断地增加，才能为人们享有权利和自由提供雄厚的基础，人也只有在承担社会责任、履行社会义务中，才能使自己的人格健全、品德高尚，个人的自我价值也才能得到充分实现。

专题链接

社会和谐①

一个人自我修炼达标了，就要去处理和影响与他人的关系，这就是“和”的第二个层面，人际和谐，也就是人与社会的和谐。

① 引自《国学与社会主义核心价值观——和谐》，http://news.qq.com/a/20140906/014406.htm。

在社会中，我们会遇到与自己志同道合的人，还会遇到更多与自己意见相左的人，正是人们彼此之间的矛盾与调和、对比与映衬、冲突与融合、碰撞与交流，才交相辉映地构成了一个社会的无限张力与无穷活力。一个成熟的社会，因为包容了多样性，所以构成了生命力。

那么，如何使思想性格截然不同的人，彼此安和相处、甚至彼此欣赏促进呢？中国文化给出的答案是“君子和而不同”。也就是说，有修养的君子，既能够维护人与人之间和谐友善的关系，又不必在具体意见上去苟同于人、勉强自己和他人必须屈从彼此。《论语》里还说“君子周而不比”，这是说，君子能够亲和他人而合群团结，却不与人勾结而拉帮结伙。

和而不同、周而不比，这些准则都是承认了个体的可贵精神，而又尊重着他人的差异、保持着恰当的距离，怀揣和善之心、生发和睦之情、维持和谐交往、促进和美之态。所以社会学家费孝通先生就提出过：“各美其美，美人之美，美美与共，天下大同。”各自保持自身的美感，还能欣赏他人的美，彼此的美一起和谐共处，就是社会理想的大同境界。其实这句话的应用面很广，无论是对其他个人、还是对其他民族或是对其他国家，都能适用，可以作为人与社会和谐精神的一种推演发散。

4. 协调人与自然的关系

正确认识人对自然的依存关系。在漫长的物种进化史上，人从自然界脱颖而出，成为当之无愧的“万物之灵”。但无论人如何进化，都改变不了这样的事实：人来源于自然界又依存于自然界，人永远是自然界的有机组成部分。物质资料的生产和再生产以及人自身的生产和再生产，都是以自然界的存在和发展为前提条件的，没有自然界就没有人本身。

科学把握人对自然的改造活动。人与其他自然存在物不同，人是有意识、有意志、能动的自然存在物，人并不是消极地依赖自然界生活，而是根据自身的需要利用和改造着自然，人类本身也在对自然的改造活动中不断发展自己。但是，人对自然的改造也存在着两面性，随着人类社会的发展，人类干涉自然的范围在扩大，程度在加深。人类在推进工业化过程中，一方面创造了丰富的物质财富，另一方面也存在掠夺自然资源，存在着只考虑当前需要而忽视后代利益、先污染后治理、先开发后保护等问题。人与自然之间关系的不和谐也与日俱增：水源、空气、土壤受到严重污染，大量的动物和植物变成了珍稀物种乃至灭绝，土地荒漠化、森林和湿地迅速减少，可利用资源日益短缺甚至面临枯竭……人类正饱尝着无节制地向自然开战和索取而造成的恶果。人类改造自然的目的在于使人类的生活更加美好。但事与愿违，大自然早已在无情地报复人类。人类如果再不改善与自然的关系，必将遭受更大的灾难。因此，协调人与自然的关系，在促进经济发展的同时保护好人类赖以生存的自然环境，是人类以及人类的每个个体持续、健康发展的重要条件。

自觉珍爱自然，保护生态。生态文明是人类在社会发展过程中保护和改善生态环境形成的文明成果，它表现为人与自然和谐程度的进步。全面建成小康社会，努力实现社会主义现代化，一定要以科学发展观为指导，牢固树立尊重自然、顺应自然、保护自然的生态文明理念，把生态文明建设摆在突出地位。要通过优化国土空间开发格局，全面促进资源节约，加大自然生态系统和环境保护力度，加强生态文明制度建设，形成节约资源和保护环境的空间格局、产业结构、生产方式、生活方式，增强节约意识、环保意识、生态意识。我们每个人都要从自身做起，以自己的实际行动，努力营造保护生态环境的良好风气，促进形成合理消费的社会风尚，从源头上扭转生态环境恶化趋势，为人民创造良好的生产生活环境，为全球生态安全做出贡献，给子孙后代留下天蓝、地绿、水净的美好家园，努力建设美丽中国。

科学发展与社会和谐是内在统一的。发展需要和谐，和谐促进发展。个体的身心健康与和谐，人与人之间、人与社会之间融洽相处，人与自然之间友好共生是中国特色社会主义文化的重要特征和价值追求。和谐始自人的内心，我们应大力倡导和谐理念，培育和谐精神，用和谐的思想认识人生环境，用和谐的态度对待人生实践，使崇尚和谐、维护和谐内化为自己的思想意识和行为习惯，为建设和谐文化贡献自己的聪明才智，在构建社会主义和谐社会的实践中创造自己的人生价值。

专题链接

做环保志愿者：拯救地球，匹夫有责[①]

做一个环境志愿者已成为一种国际性潮流。很多知名跨国公司在录用人才时，特别注意应征者是否有参加环保公益活动的记录，以此来判断其责任感和敬业精神。

据报道，美国 18 岁以上的公民中有 49%的人做过义务工作，每人平均每周义务工作 4.2 小时，相当于 2 000 亿美元的价值。在日本及欧洲各国，做环保志愿者也是公民普遍的常规行动。

在我国，做环保志愿者日益成为风尚。各地公民自顾去内蒙古恩格贝沙漠植树；深圳市民自发到长江源头建自然保护站；北京大学生周末去社区进行垃圾分类宣传；西安有“妈妈环保志愿者活动日”；在绿色北京环保网站发起拯救藏羚网站同盟和首都高校巡展活动中，众多网友和首都高校环保社团和同学们积极参与……这些行动影响着更多的人，环保志愿者的队伍正在不断扩大。

课后讨论

1. 对人生的根本看法决定了一个人的生活道路，请对你熟悉的著名人物进行分析。
2. 进行一些社会调查，了解一下不同年龄、不同职业、不同文化层次的人对现实人生的看法，然后加以分析取舍，写一份调查报告。
3. 列举你熟悉的几个逆境自强的实例，谈谈你的感悟。
4. 你周围的朋友中是否有积极进取和消极悲观两种类型的生活态度？通过观察分别列举出他们的日常表现。他们的生活态度对你有何警示作用？
5. 从生活中选取你熟悉的个案，分析他们是如何选择、实现和体现人生价值的。
6. 你身边的朋友中谁最有人缘？分析一下原因，对你有何启发？

---

① 廖晓义：《公民环保行为规范》，http://bbs.szhome.com/commentdetail.aspx?id=23519&page=1。

思 考 题

1. 人生态度与人生观是什么关系？如何端正人生态度？

2. 怎样理解人生的自我价值与社会价值的关系？为什么说个人的人生价值目标要与社会主义核心价值体系相一致？

3. 如何理解健康的含义？怎样协调自我身心关系？

4. 如何正确认识和处理个人与他人、个人与社会的关系？

5. 如何协调人与自然的关系，有效解决当今世界面临的环境和资源问题？

第四章 继承爱国传统 弘扬民族精神

科学是没有国界的，因为她是属于全人类的财富，是照亮世界的火把，但学者是属于祖国的。

——（法）巴斯德

爱国主义是中华民族的优良传统，是中华民族生生不息、自立于世界民族之林的强大精神动力。实现中华民族伟大复兴的中国梦必须弘扬中国精神，这就是以爱国主义为核心的民族精神，以改革创新为核心的时代精神。在新的历史条件下，继承爱国主义优良传统，弘扬中国精神，做一个忠诚的爱国者，是对同学们的基本要求。

一、中华民族的爱国主义传统

中华民族是富有爱国主义光荣传统的伟大民族。爱国主义是中华民族最深厚的思想传统，是动员和鼓舞中国人民团结奋斗的一面旗帜，是推动我国社会历史发展的巨大力量，是各民族共同的精神支柱。

1. 爱国主义的科学内涵

爱国主义体现了人民群众对自己祖国的深厚感情，反映了个人对祖国的依存关系，是人们对自己故土家园、种族和文化的归属感、认同感、尊严感与荣誉感的统一。它是调节个人与祖国之间关系的道德要求、政治原则和法律规范，也是民族精神的核心。每个人来到这个世界，都要在社会中生存，都要获取生存发展的物质条件，都要寻求慰藉心灵的精神家园，这一切首先得之于祖国。没有国哪有家，没有家哪有我——这看似平常的话语，道出了最深刻的爱国理由：国家是小家的寄托，更是个人的寄托；国家是物质利益的寄托，更是精神家园的寄托。失去祖国母亲的保护，人们就是无家可归的流浪儿。爱国是每个人都应当自觉履行的责任或义务。履行爱国的责任或义务，是对祖国母亲的报答。

爱国主义的基本要求是：

爱祖国的大好河山。祖国的河山在人们的心中占据着至高无上的地位。“一方水土养一方人”，祖国的山山水水滋养哺育着她的子子孙孙。“禾苗离土即死，国家无土难存”，祖国的大好河山，不只是自然风光，而且是主权、财富、民族发展和进步的基本载体。因此，每一个爱国者都会把“保我国土”“爱我家乡”“维护祖国领土的完整和统一”作为自己神圣的使命和义不容辞的责任。

爱自己的骨肉同胞。爱自己的骨肉同胞，反映的是对整个民族利益共同体的自觉认同。民族利益是整体的利益、长远的利益，这种利益高于民族内部的、局部的、暂时的利益。爱自己的同胞就是爱人民群众。人民群众是历史的创造者，他们的意志决定着祖国的命运和前途。与人民感情的深浅程度，是检验一个人对祖国忠实程度的试金石。爱自己的骨肉同胞，最主要的是培养对人民群众的深厚感情，紧紧地和人民群众站在一起。

爱祖国的灿烂文化。文化传统作为一个民族群体意识的载体，常常被称为国家和民族的“胎记”，是一个民族得以延续的“精神基因”，是培养民族心理、民族个性、民族精神的“摇篮”，是民族凝聚力的重要基础。人们在现实生活中，或许会背井离乡，或许会彼此隔绝，但对祖国灿烂文化和历史传统的认同总会把人们的心连在一起。爱祖国的灿烂文化就应该认真学习和真正了解祖国的历史，深入理解祖国优良的历史文化传统。

爱自己的国家。爱祖国不是抽象的，而是具体的。祖国的大好河山，自己的骨肉同胞，民族的灿烂文化，是同具体的国家相联系的。我们每个人的发展都是同国家的发展和进步紧密联系在一起的，爱祖国就要心系国家的前途和命运，就要把国家和人民的利益摆在首位，为祖国的独立和富强，为人民的解放和幸福事业贡献力量。

爱国主义是历史的、具体的，在不同的历史时代和文化背景下所产生的爱国主义，总是具有不同的内涵。在我国新民主主义革命时期，爱国主义主要表现在为致力于推翻帝国主义、封建主义和官僚资本主义的反动统治，把黑暗的旧中国改造成光明的新中国。在现阶段，爱国主义主要表现在献身于建设和保卫社会主义现代化事业，献身于促进祖国统一大业。

爱国主义的这些特点，要求我们以历史唯物主义态度，去认识历史发展过程中的爱国主义，将其放到历史发展的链条中，依据当时的具体条件去进行评价，尊重历史，不苛求古人，既充分肯定历史上的爱国人物、爱国情感、爱国思想和爱国行为，又看到这些人物、情感、思想和行为的历史局限性，从爱国主义的丰富表现中，升华出爱国主义的普遍情怀。

专题链接

我是中国人！[1]

吉瑞芝

1931年秋，我父亲吉鸿昌在担任第二十二路军总指挥的时候，曾被迫出国进行了一次考察。出国之前，已是震撼中外的“九一八”事变之后，日本帝国主义侵占了我国的东北三省。蒋介石为了阻挠父亲的抗日活动，立逼他“携眷出国”，进行“军事考察”，而实际上是夺去了父亲的军权，将他流放国外。

---

① 引自 http://www.winnersoft.cn/independence_study/20sjmy/1124/2.htm。

父亲来到了美国纽约，一次，他穿着整齐的军装，率领一行从属人员走在街上，突然有人拦住他故意问道："你是日本人吧?!"父亲叫翻译回答说："不，我是中国人！"对方听了摇摇头表示不相信地说："中国人？东亚病夫，不可能有这样魁梧、高大的军人……"

又一次，他到纽约的一家邮局寄送东西，那里的工作人员又明知故问地说："你是哪国人?"我父亲大声说道："我是中国人！"对方奚落地说："地图上已经找不到中国了。"

接连受到这样的嘲笑和侮辱，使父亲异常气愤，甚至连饭也吃不下去了。当我母亲和属下劝慰他的时候，他严肃地说："侮辱我吉鸿昌本人，我并不在乎，但是我们是代表中国到美国来考察的，受侮辱的是我们整个国家，整个民族啊！"父亲坚决地表示："下次外出时，就带上'我是中国人'的牌子，让外国的朋友们都知道中国人是有血性的，有五千年文明史的中华民族一定会重新振兴起来的！"

果然，他用草板纸自制了一个约半尺长的长方形牌子，用毛笔写着"我是中国人"几个大字，并在下边注上英文。当他挂着牌子走在大街上的时候，引起很多人的注目，但父亲总是挺着胸膛，昂首阔步地穿过围观的人群，显示出中华民族的骄傲。

2. 爱国主义的优良传统

中华民族的爱国主义优良传统源远流长。自古以来，爱国的思想和行为就受到人们的褒奖和景仰。中华民族由多民族融合而成，汉族与各少数民族共同为中华民族的繁荣发展做了贡献，各民族中都涌现出了许多为国家和民族做出杰出贡献的仁人志士，他们的英雄业绩为历史所铭记。中华民族的爱国主义优良传统内涵极为丰富，要在新的形势下进一步发扬光大。

热爱祖国、矢志不渝。刻骨铭心的爱国之情，矢志不渝的报国之志，生死不移的爱国之行，写满了中华民族的光辉史册。"苟利国家生死以，岂因祸福避趋之"，"位卑未敢忘忧国"，"报国之心，死而后已"等名言，都寄托了对祖国矢志不渝的热爱和一片赤诚之心。中华民族历史上许许多多的爱国故事，感人肺腑，流播四海，代代传颂。

天下兴亡、匹夫有责。以天下为己任，无论身居何位，都心忧天下，关心国家的命运和人民的苦乐，自觉地把个人的前途与国家的兴衰联系起来，把爱国的思想付诸实际的行动。"先天下之忧而忧，后天下之乐而乐"及"天下兴亡，匹夫有责"等思想深刻表达了中华民族的一种爱国情怀。

维护统一、反对分裂。中华民族是一个多民族的统一体，除了汉族之外，还有众多少数民族，而汉族本身也是在历史发展的过程中由许多民族融合而成的。民族团结和睦，始终是各族人民的共同心愿；维护民族团结和祖国统一，始终是各族人民的最高利益和神圣职责。在中国历史上，尽管发生过民族之间的战争，也出现过分裂和内乱，但是促进民族团结和维护祖国统一始终是人心所向，是中国历史发展的主流。

同仇敌忾、抗御外侮。中华民族爱好和平与自由，但决不容忍外来的侵略和压迫。面对外来侵略，各族人民总是团结一致，同仇敌忾，奋起反抗。在中国历史上，所有侵略者最终都难逃失败的命运。也正是在抵御侵略、维护国家主权和民族尊严的过程中，中华民族形成了坚持国家和民族利益至上、誓死不当亡国奴的民族品格；万众一心、共赴国难的民族团结意识；不畏强暴、敢于同敌人血战到底的民族英雄气概；百折不挠、勇于依靠自己的力量战胜侵略者的民族自强精神；开拓进取、善于在危难中开辟发展新路的民族创造精神；坚持正义、自觉为人类和平进步事业贡献力量的民族奉献精神。

专题链接

艰难的国运与雄健的国民①

李大钊

历史的道路,不会是平坦的,有时走到艰难险阻的境界。这是全靠雄健的精神才能够冲过去的。

一条浩浩荡荡的长江大河,有时流到很宽阔的境界,平原无际,一泻万里。有时流到很逼狭的境界,两岸丛山叠岭,绝壁断崖,江河流于其间,回环曲折,极其险峻。民族生命的进程,其经历亦复如是。

人类在历史上的生活正如旅行一样。旅途上的征人所经过的地方,有时是坦荡平原,有时是崎岖险路。老于旅途的人,走到平坦的地方,固是高高兴兴地往前走,走到崎岖的境界,愈是奇趣横生,觉得在此奇绝壮绝的境界,愈能感到一种冒险的美趣。

中华民族现在所逢的史路,是一段崎岖险阻的道路。在这一段道路上,实在亦有一种奇绝壮绝的景致,使我们经过此段道路的人,感到一种壮美的趣味。但这种壮美的趣味,是非有雄健的精神的,不能够感觉到的。

我们的扬子江、黄河,可以代表我们的民族精神,扬子江及黄河遇见沙漠、遇见山峡都是浩浩荡荡地往前流过去,以成其浊流滚滚、一泻万里的魄势。目前的艰难境界,哪能阻抑我们民族生命的前进?我们应该拿出雄健的精神,高唱着进行的曲调,在这悲壮歌声中,走过这崎岖险阻的道路。要知在艰难的国运中建造国家,亦是人生最有趣味的事……

3. 爱国主义的时代价值

(1) 爱国主义是中华民族继往开来的精神支柱

在历史发展过程中,中华民族表现出了强大的生命力。中华文明一脉相承延续发展,成为人类文明史上的一道奇观。这有着非常深刻的原因,其中毋庸置疑的是,千百年来深深融入到民族意识之中的爱国主义优良传统,成为鼓舞中华民族艰苦奋斗、继往开来的重要精神支柱。

在新的历史条件下,致力于中华民族的伟大复兴,必须在爱国主义的伟大旗帜下,建立最广泛的爱国统一战线,集中整个民族的智慧和力量来谋求国家的发展和民族的振兴。

(2) 爱国主义是维护祖国统一和民族团结的纽带

在中华民族的发展史上,爱国主义精神对于维护祖国统一和民族团结起到了十分重要

---

① 引自 http://www.5156edu.com/page/09－02－03/42793.html。

的作用。什么时候团结统一，国家就强盛安宁；什么时候分裂内乱，国家就积贫积弱。千百年来的历史经验，已铭刻在中华儿女的心灵之中。团结统一始终代表了中国社会历史的发展方向，代表了中国各族人民的共同心愿。

维护国家主权和领土完整，是国家的核心利益。在反对分裂、维护国家统一这个重大原则问题上，中国人民从未有丝毫犹豫和退让。骨肉离别和纷争，是让亲者痛、仇者快的事情；只有骨肉团聚、祖国统一，才是各族人民的共同期盼和福祉。

（3）爱国主义是实现中华民族伟大复兴的动力

辉煌灿烂的中华古代文明，曾经长期处于世界领先地位，并且远播海外，为人类文明的发展做出了重要贡献。近代以后，长期的内忧外患，阻碍了中国的发展，导致中国山河凋敝、国力日衰，受尽了外国列强的侵略和奴役，几乎到了亡国的边缘。无数爱国志士奋发图强，努力探索和寻求民族复兴的道路。在中国共产党的领导下，中国人民以马克思主义为思想武器，经过艰苦卓绝的长期奋斗，实现了民族独立和解放，建立了社会主义新中国，为中华民族的伟大复兴奠定了坚实的基础。新中国成立以来，特别是改革开放以来，中国人民的爱国主义热情空前高涨，爱国主义在推动祖国的全面发展和进步方面，发挥着越来越重要的作用。

（4）爱国主义是个人实现人生价值的力量源泉

爱国主义体现了每一个中华儿女对祖国的责任，这种责任是社会发展的客观要求，也是每个人自身发展的客观需要。一个人能够成为什么人，应该成为什么人，在很大程度上要依赖于社会，依赖其生于斯、长于斯的祖国。祖国给个人的成长发展创造条件，对个人创造的成果做出评价，为个人实现人生价值提供舞台、指明方向。

伟大的人生目标往往产生于对祖国深厚的爱。一个人对祖国爱得越深，历史责任感就越强烈，人生目标就越明确，人生信念就越坚定。古往今来，彪炳中华民族史册的，无一不是忠诚的爱国者。他们之所以能做出一番事业，使自己的人生有价值、有意义，根本原因在于对自己的祖国和人民有一颗滚烫的赤子之心。

专题链接

我的根在中国[①]

祖国是祖祖辈辈生活的地方，是我们的根，有了根，才踏实，才有精神的寄托，才有底气。于是有那么多港澳台同胞回大陆寻亲祭祖，有那么多旅居海外多年的侨胞，回国后无论如何也要去拜谒黄帝陵，只因为他们是炎黄子孙。以强烈的根的意识而产生的爱国情怀，牵动凝聚了天下中华人。

美国耶鲁大学的著名华裔教授赵浩先生祖籍河南，他无论到哪里都庄严地宣称“我是

① 引自 http://btdcw.com/btd-424d97f5f61fb7360b4c658e-1.html。

中国人”。他在人民日报社讲学，一开场就说：“我是在新中国成立之前出国的，到现在虽然喝了几十年洋水，但是从出生到出国，我是吸取母亲和祖国文化的乳汁长大的。我的身体里边流的是中国人的血，血浓于水，我还是中国人。”美籍华人女作家包伯漪女士多次表白根系：“我虽然在美国长大，但我还是一个中国人”，“我的根在中国”。

正是这种根的意识，使得天下的华人儿女对祖国情系于心；也正是这种浓郁的爱国之情升华为神圣的民族自尊心、自信心、向心力和凝聚力。

二、新时期的爱国主义

新时期中华民族的爱国主义，既承接了历史上爱国主义的优良传统，又吸纳了鲜活的时代精神，内涵更加丰富。建设中国特色社会主义是新时期爱国主义的主题。在现阶段，爱国主义主要表现为献身于建设和保卫社会主义现代化事业，献身于促进祖国统一的事业。

1. 爱国主义与爱社会主义和拥护祖国统一

(1) 爱国主义与爱社会主义的一致性

在当代中国，爱国主义首先体现在对社会主义中国的热爱上，这是中华人民共和国每一个公民必须坚持的立场和态度。爱国主义与爱社会主义的统一是中国历史发展的必然结果。社会主义制度的建立，为祖国的繁荣发展提供了可靠的保障。社会主义在中国不是一句空洞的口号，而是集中代表着、体现着、实现着国家、民族和人民的根本利益。

社会主义中国不是从天上掉下来的，而是中国共产党领导广大人民群众经过流血牺牲，长期艰苦奋斗建立起来的。“没有共产党就没有新中国”，这同样是中国的历史和现实所昭示的真理。中国共产党的历史就是一部为实现民族独立和人民解放，为国家繁荣昌盛和人民共同富裕而奋斗的历史。中国共产党的历史上矗立着一座座爱国主义的丰碑。透过这一座座丰碑，不仅可以了解中国共产党的光辉历史，认识中国共产党的英明伟大，体会中国共产党的精神风骨，而且也能懂得中国共产党为国家、民族和人民谋利益的艰辛历程。历史证明，中国共产党是高举爱国主义旗帜并躬身实践的光辉典范。爱国主义与爱社会主义、爱中国共产党、爱人民政府，具有深刻的内在一致性。

(2) 爱国主义与拥护祖国统一的一致性

中国作为一个多民族的大国，只有在国家统一、民族团结和政治稳定的前提下，才能实现真正的发展和繁荣。因此，结束海峡两岸分离的局面，实现祖国的完全统一，事关中华民族的根本利益，是每一个中国人义不容辞的使命。

由于历史和现实的一些原因，生活在祖国大陆之外的一些同胞对大陆缺乏了解，对于他们的行为应当具体分析、具体对待。只要站在拥护祖国统一的原则立场上，深明中华民族的大义，就能够在政治上求同存异，在爱国主义的旗帜下团结起来，共同为祖国的统一大业而奋斗。

2. 爱国主义与经济全球化

（1）经济全球化形势下要弘扬爱国主义

在经济全球化的形势下，国家仍然是民族存在的最高组织形式，是国际社会活动中的独立主体。只要国家继续存在，爱国主义就有其坚实的基础和丰富的意义。我们在参与经济全球化的过程中，必须坚定地捍卫自己国家的利益，这就更需要爱国主义的支撑。经济全球化是一把双刃剑，既是机遇，更是挑战。现实情况表明，经济全球化背景下，发展中国家不仅要面对经济方面的挑战，而且也必然要面对政治和文化上的挑战。

经济全球化是世界经济发展的必然趋势，我们只有勇于和善于参与经济全球化的竞争，才能加快我国经济的发展，不断增强国家的经济实力和综合国力。

（2）经济全球化与爱国主义

对于我们每个人来说，在如何把握经济全球化趋势与爱国主义的相互关系的问题上，需要着重树立这样一些观念。

人有地域和信仰的不同，但报效祖国之心不应有差别。在经济全球化背景下，无论你是生活在国内还是在国外，无论你的政治立场和宗教信仰如何，也无论你在何种所有制企业中工作，作为中华儿女，都可以以自己的方式来报效祖国。应当说，经济全球化趋势为个人报效祖国消除了许多障碍或阻隔，开辟了更多的渠道和更大的空间。

科学没有国界，但科学家有祖国。科学是人类智慧的结晶，是属于全人类的财富，理应为全人类服务。科学无国界，但科学事业的发展和科学家的命运都与自己的祖国有着密切的关系；科学知识是无国界的，但科学知识的运用却不可能离开具体的国家。钱学森是功勋卓著的科学家，又是心系祖国母亲的赤子。新中国成立后，他抛弃国外优越的生活与工作条件，历尽千难万险，回归祖国的怀抱，投身到祖国的建设中。钱学森被评为“两弹一星”的功臣并受到国家的表彰。在荣誉面前，他是这样说的：“说是表彰我对中国火箭导弹技术、航天技术和系统工程理论方面所做的一切工作。我想这里面‘中国’两个字是最重要的。”[①]当今世界综合国力的竞争，集中体现为科技的竞争和人才的竞争。自然科学家和社会科学家都对国家的繁荣富强担负着重大的责任。

经济全球化过程中要始终维护国家的主权和尊严。在经济全球化背景下，西方一些人极力鼓吹政治一体化和文化一体化。这是别有用心的，实际上是企图借经济全球化，推行西方的政治制度和价值观念，损害别国的主权和尊严。世界是丰富多彩的，不能以一个或几个国家的政治制度、价值观念和意识形态来衡量多样性的世界。用一种政治制度、价值观念和意识形态去统一世界，不仅是对别国的侵害，也是根本行不通的，只会危害世界的和平和发展。在参与经济全球化的过程中，一定要保持清醒的认识，既充分利用经济全球化所提供的机遇发展自己，又坚决维护国家的主权和尊严，按照本国国情发展自己的政治制度和民族文化。

---

① 清华大学校史研究室编：《水木清华　群星璀璨》，清华大学出版社 2001 年版，第 83 页。

专题链接

钱学森的中国情结[1]

作为"两弹一星"的功臣受到国家表彰的钱学森,在荣誉面前是这样说的:"说是表彰我对'中国火箭导弹技术、航天技术和系统工程论'方面所做的一些工作,我想这里面'中国'两个字是最重要的。因为这是中国人的集体成果。这说明中国人并不笨,外国人能干的,我们不但能干,而且能干得更好。至于我个人,只是尽力做了一点应该做的工作,那是很有限的。"

早年在美国生活的钱学森,取得了辉煌的成就和崇高的声誉,也给他带来了十分丰厚的生活待遇和得心应手的科研条件。然而,正如法国科学家巴斯德所说,科学无国界,但科学家是属于祖国的。钱学森也一样,他对祖国魂牵梦绕,思念之情与日俱增。

为了回归解放了的祖国,钱学森竟历尽了千难万险,经受了整整五年多时间的折磨。无论是金钱、地位、美誉和舒适的生活,还是威胁、恫吓、歧视和折磨,都销蚀不掉钱学森回归祖国、献身人民革命事业的心志。

在1955年8月2日中美大使级会谈中,我国大使王炳南受时任总理的周恩来嘱托,在会上代表我国政府揭露了美国当局在违背本人意愿的情况下监禁中国公民钱学森以阻挠他回国的卑劣行径。美方不得已,才被迫于8月4日通知钱学森,准许他离开美国。

冯·卡门得知钱学森回国的消息,深表惋惜地说:"无论如何,美国实际上并无站得住脚的理由,就把美国火箭技术领域最伟大的天才、最出色的火箭专家奉送给了红色中国!"

20世纪90年代中期,面对着大学生中的出国潮,钱学森是这样看的:"人才外流问题不要怕。以后会有变化。我相信,我们送出去的留学生,再过几年,学成回国,为祖国效劳,是毫无问题的。因为他们会看到中国的前途。我看他们都会回来的。因为他们也就是钱学森嘛。钱学森也就是会回来的嘛!"

3. 爱国主义与弘扬民族精神

所谓民族精神,是指一个民族在长期共同生活和社会实践中形成的,为本民族大多数成员所认同的价值取向、思维方式、道德规范和精神气质的总和。民族精神集中体现了一个民族在一定的自然环境和社会历史条件下生存和发展的独特方式,反映了一个民族的心理特征、文化传统、精神风貌,是一个民族赖以生存和发展的精神支柱。在五千多年的发展中,中华民族形成了以爱国主义为核心的团结统一、爱好和平、勤劳勇敢、自强不息的伟大民族精神。中华民族精神博大精深、源远流长,是中华民族生命机体中不可分割的重要组成部分。

① http://www.worlduc.com/blog2012.aspx? bid=10755268。

（1）中华民族精神的内涵

爱国主义是中华民族精神的核心。在中华民族的悠久历史中，爱国主义始终发挥着民族精神的核心作用。正是出于对自己故土家园、骨肉同胞和灿烂文化的眷恋与热爱，中华各民族才能够求同存异，维护整体，在自己的国土上繁衍生息、相互学习、相互帮助，共同劳动、共同生活、共同发展，创造了灿烂的中华文明。为了维护国家的主权和领土完整，捍卫民族的尊严和利益，中华民族同侵略者展开了殊死的斗争，对侵略者无比痛恨，对出卖国家和民族利益的卖国败类极端鄙视，对为国家和民族做出贡献的民族英雄无比崇敬。热爱祖国是贯穿中国历史发展的一条主线，也是中华民族精神的核心。

团结统一。它植根于中华大地，深深地印在中国人的民族意识中，是中华民族的立身之本。在漫长的历史岁月中，中国的主体一直是一个统一的多民族国家，虽有分合离乱，但统一的时期远远多于分裂的时期，其根本的原因就在于中华民族具有高度一致的整体感、责任感和忠实于国家民族整体利益的价值取向，以及各个民族之间和睦相处、友好相待、共赴国难、共渡难关的优良传统。在中国历史上，一些杰出的政治家站在维护民族团结的高度，坚持“和为贵”和宽厚仁爱的原则，用信义、和平的方式处理复杂的民族矛盾，“化干戈为玉帛”，使各民族和睦相处，亲同一家。中国各族人民在长期实践中特别是近代以来，在反抗外来侵略的斗争中，切身感受到国家的统一是民族生存和发展的基本前提，用自己的实际行动谱写了一曲又一曲维护统一、反对分裂的颂歌。

爱好和平。这不仅表现在中华民族各兄弟民族之间以和为贵、携手共进等方面，而且表现在与世界上其他民族的友好交往、休戚与共上。中华民族历来以爱好和平著称于世。“礼仪之邦”“协和万邦”“德莫大于和”等观念，深深地扎根于中华民族的传统之中。“亲仁善邻”“讲信修睦”等做法，也充分表现了中华民族在处理民族问题上的宽宏胸襟。联欧亚，开辟丝绸之路；通亚非，郑和七下西洋；历万难，玄奘印度取经；为传经，鉴真东渡扶桑……这些典型的事例，是中华民族爱好和平，与其他国家和民族进行文化交流、发展友好关系的历史见证。

勤劳勇敢。自古至今，勤劳勇敢始终贯穿于中华民族社会生活的各个领域，体现在中华民族德行的各个方面，鲜明地体现了中华民族的民族性格和道德精神。在中华民族的意识中，勤劳是一切事业成功的保证，是兴家立国之本。在中华民族的历史上，勇敢是广为推崇褒扬的美德，它要求人们无论是遭遇险风恶浪，还是面对残暴权势，都要有无所畏惧的精神；为了追求真理、坚持正义，要有置个人得失、贫富、生死于度外的勇气。勤劳勇敢是中华民族创造一个又一个人间奇迹的重要精神动力。

自强不息。作为中华民族精神的重要内涵，它具体体现为“富贵不能淫、贫贱不能移、威武不能屈”的坚贞刚毅品质，体现为“夸父追日”“精卫填海”“大禹治水”“愚公移山”等不屈不挠的精神，体现为“因时而变”“随时而制”“与时偕行”“与日俱新”等精神。中华民族之所以能在五千多年的历史进程中历经挫折而不屈，屡遭坎坷而不馁，靠的就是这样一种自强不息的精神。自强不息是中华民族生生不息的力量源泉，体现了中华民族勇于进取的精神境界，激励着一代代中国人奋发进取、不懈奋斗。

在中华民族的辉煌历程中，爱国主义在观念上和实践中，都发挥出了作为民族精神核心的作用。团结统一、爱好和平、勤劳勇敢、自强不息的精神，服务于爱国兴邦这一主题。

以爱国主义为核心的民族精神，是在历史的发展过程中逐渐形成的，也会随着中华民族的历史延续而变得更加厚重并显示出旺盛的生命力。

专题链接

中国的脊梁[①]

"九·一八事变"三周年之际，一些人散布对抗日前途悲观的论调，指责中国人失掉了自信力。为了批驳这种错误论调，鼓舞民族自尊心，鲁迅先生写了《中国人失掉自信力了吗》一文。在文中，他写道："我们从古以来，就有埋头苦干的人，有拼命硬干的人，有为民请命的人，有舍身求法的人……虽是等于为帝王将相做家谱的所谓'正史'，也往往掩不住他们的光耀，这就是中国的脊梁。"

(2) 要大力弘扬和培育民族精神

中华民族精神，是在中华民族五千多年的历史发展中形成的。它既植根于我国优秀的民族文化传统之中，又同我们党领导人民在长期革命、建设和改革中形成的优良传统和时代精神结合在一起，是中华民族生生不息、发展壮大的强大精神动力。建设中国特色社会主义事业，是一项充满艰辛、充满创造的伟大事业。伟大的事业需要并产生崇高的精神，崇高的精神支撑和推动着伟大的事业。面对世界范围内各种思想文化的相互激荡，我们必须大力弘扬和培育民族精神。

弘扬和培育民族精神，既要弘扬中国古代的民族精神，更要大力弘扬和培育近代以来中国人民在争取民族独立和人民解放、实现国家富强和人民共同富裕的历史进程中形成的伟大民族精神。中国共产党在领导人民进行革命、建设和改革的伟大实践中，不断把中华民族精神提升到新的水平。井冈山精神、长征精神、延安精神、西柏坡精神、雷锋精神、"铁人精神"、"两弹一星"精神、载人航天精神等，都是伟大的中华民族精神的发扬光大，是中华民族长期形成的民族精神在现当代历史中震撼人心的新表现，为中华民族精神增添了富于时代精神的新内涵，值得每一个中华儿女倍加珍惜。

弘扬和培育民族精神，要立足中国特色社会主义建设事业的伟大实践，反映社会主义初级阶段的基本特征，反映完善社会主义市场经济体制的现实需要，反映发展社会主义先进文化的前进方向。要以人民群众创造历史的火热生活为源泉，批判地继承中国古代的传统文化和道德，吸收和借鉴外来文化和道德的积极成果，坚持古为今用、洋为中用、以我为主、为我所用的原则，不断丰富民族精神的时代内涵，使民族精神得到大力弘扬。

---

① 引自 http://www.worlduc.com/blog2012.aspx?bid=12218347。

专题链接

载人航天精神[1]

2005年10月17日，我国自主研制的神舟六号载人飞船顺利返回。喜讯传来，举国欢腾。中共中央、国务院、中央军委对神舟六号载人航天飞行获得圆满成功致电热烈祝贺，全世界中华儿女无不为之感到骄傲和自豪。

神舟六号载人航天飞行圆满成功，标志着我国在发展载人航天技术、进行有人参与的空间试验活动方面取得了又一个具有里程碑意义的重大胜利，是中国人民攀登世界科技高峰的又一伟大壮举，是我国改革开放和现代化建设取得的又一骄人成就，是伟大祖国的荣耀。

伟大的事业孕育伟大的精神，伟大的精神推动伟大的事业。载人航天工程是当今世界高新技术发展水平的集中体现，是衡量一个国家综合国力的重要标志。在实施载人航天工程的进程中，中国航天人牢记党和人民的重托，满怀为国争光的雄心壮志，自强不息，顽强拼搏，团结协作，开拓创新，取得了一个又一个辉煌成果，也铸就了“特别能吃苦、特别能战斗、特别能攻关、特别能奉献”的载人航天精神。这是以爱国主义为核心的伟大民族精神和以改革创新为核心的时代精神的生动体现，是井冈山精神、延安精神、“两弹一星”精神等精神的光荣传承，是我们党、国家、军队和人民的宝贵精神财富，值得全国人民认真学习和大力弘扬。

“特别能吃苦、特别能战斗、特别能攻关、特别能奉献”是对载人航天精神的高度概括。

4. 爱国主义与弘扬时代精神

我们所强调的时代精神，是在新的历史条件下形成和发展的，是体现民族特质、顺应时代潮流的思想观念、行为方式、价值取向、精神风貌和社会风尚的总和。时代精神与民族精神紧密相连，时代精神是民族精神的时代性体现，民族精神是时代精神形成的重要基础和依托，它们都共同体现了爱国主义这一中华民族的伟大传统。

(1) 时代精神的内涵

改革创新是时代精神的核心。时代精神的内涵十分丰富，其中改革创新居于核心地位。改革创新是中华民族进步的灵魂，是我国兴旺发达的不竭动力，是中国共产党永葆生机的源泉。改革创新充分体现和吸纳了时代要求，为实践的发展注入了鲜活力量。改革创新，包括理论创新、制度创新、科技创新、文化创新以及其他方面的创新。

改革创新是进一步解放和发展生产力的必然要求。社会主义的根本任务是发展社会生产力。社会主义现代化必须建立在发达的生产力基础之上。实现社会主义现代化，最根本的就是要通过改革创新，不断促进先进生产力的发展。党的十一届三中全会以来的辉煌

① 引自 http://club.kdnet.net/dispbbs.asp?id=7905936&boardid=24。

成就雄辩地证明，改革开放是中国走向繁荣富强的必由之路，是中国特色社会主义发展前进的成功之路。只有通过改革开放，才能解决阻碍经济社会发展的体制性、机制性问题，保持经济社会发展的生机和活力，促进我国经济社会更快更好地发展。

改革创新是建设社会主义创新型国家的迫切需要。我国的国情决定了不可能选择资源型和依附型的发展模式，只有通过全面的改革创新，走创新型国家的发展道路，全面提高民族的自主创新能力，才能在日趋激烈的国际竞争中立于不败之地。因此，党中央向全党全社会发出了建设创新型国家的号召。建设创新型国家，就要把增强自主创新能力作为发展科学技术的战略基点，把增强自主创新能力作为调整经济结构、转变经济增长方式的中心环节，把增强自主创新能力作为国家战略，抓住那些对我国经济、科技、国防和社会发展具有战略性、基础性、关键性作用的重大科技课题，抓紧攻关，自主创新，推动关键技术创新和系统集成，努力在关键生产领域和若干科技发展前沿掌握核心技术和拥有一批自主知识产权，不断增强科技的创新能力，增强经济社会的持续发展能力和强大竞争力。

改革创新是落实科学发展观、构建社会主义和谐社会的重要条件。科学发展观是中国共产党在准确把握世界发展趋势、认真总结中国社会主义发展经验、深入分析中国发展阶段性特征的基础上提出的重大战略思想，是对经济社会发展一般规律认识的深化，是指导发展的世界观和方法论的集中体现。构建社会主义和谐社会，是推进经济社会发展的重要目标，是社会主义现代化建设的客观要求，是广大人民群众的共同愿望。

(2) 弘扬以改革创新为核心的时代精神

以改革创新为核心的时代精神，是当代中国人民精神风貌的集中写照，是激发社会创造活力的强大力量。建设中国特色社会主义是一项前无古人的创造性事业，只有坚持解放思想、实事求是、与时俱进，大力弘扬以改革创新为核心的时代精神，才能使全体人民始终保持昂扬向上的精神状态，不断推进中国特色社会主义伟大事业向前发展。

弘扬以改革创新为核心的时代精神，必须大力推进理论创新、制度创新、科技创新、文化创新以及其他各方面的创新。实践基础上的理论创新是社会发展和变革的先导。要使我们的事业不停顿，首先理论上不能停顿。当今世界的变化日新月异，我国改革开放和现代化建设事业的伟大实践在不断推向前进，迫切要求我们大力推进理论创新。要坚持以实践来检验一切，自觉地把思想认识从那些不合时宜的观念、做法和体制的束缚中解放出来，从对马克思主义的错误的和教条式的理解中解放出来，从主观主义和形而上学的桎梏中解放出来，不断有所发现、有所创造、有所前进。制度创新是其他一切创新的重要保障。制度建设具有根本性、全局性、长期性和稳定性。要大力推进体制机制创新，不断完善适应发展社会主义市场经济，全面建设中国特色社会主义要求的各方面的体制，进一步解放和发展社会生产力，使上层建筑进一步适应经济基础发展的要求，使中国特色社会主义始终充满生机和活力。科技创新能力是国家竞争力的核心。要把提高自主创新能力摆在重要位置，大力推进科技创新，实现科学技术的跨越式发展，使科学技术成为我国经济社会发展的强大推动力量，不断为建设创新型国家奠定坚实基础。大力推进文化创新是繁荣发展社会主义先进文化的需要。要坚持以马克思主义为指导，坚持中国先进文化的前进方向，坚持贴近实际、贴近生活、贴近群众，立足于改革开放和现代化建设的实践，着眼于世界文化发展的前沿，发扬民族文化的优秀传统，汲取世界各民族文化的长处，不断创新形式、创新内容、创新手段，提高中华文化的吸引力和感召力，丰富人们的精神世界，增强人们的精神力量，激励各族人民积极投身于社会主义现代化建设的伟大实践。

弘扬以改革创新为核心的时代精神，要自觉投身于改革创新的伟大实践。创新的基础在人才。弘扬改革创新的时代精神，必须培养一大批具有创新精神的人才。要在全社会形成尊重人才、吸引人才、用好人才的制度环境、文化环境和舆论环境，努力为培养创新型人才营造良好的社会氛围。要通过良好的竞争机制来选拔人才，在事业中凝聚人才，在生活中关心人才，推动我国优秀人才的数量和质量有一个质的飞跃，把人才强国的战略落到实处。

树立以改革创新为核心的时代精神，是对现代人成长成才的基本要求，也是同学们必须具备的重要品质。大家要立足于掌握丰富的知识和过硬的本领。要养成团结协作、艰苦奋斗、脚踏实地的作风。要积极投身社会实践，深入实际，深入群众，从广阔的社会实践中提炼研究题目，在深入了解社会的基础上提出真知灼见。同学们要树立创新意识，发扬创新精神，确立与时代进步潮流相适应的思想观念、价值取向和行为方式，努力走在全社会创新的前列，努力为建设中国特色社会主义做出应有的贡献。

专题链接

"改革创新"的中国道路[①]

世界上没有放之四海而皆准的发展模式，也没有一成不变的发展道路。"和而不同""和合共生"，是有着悠久历史文化传统的中国历来崇尚的价值取向与行为准则。正是植根于五千年历史渊源的优秀文化，基于对人类文明发展的深刻反思和对世界多极化发展背景下各种现实问题的自觉回应，中国选择了与近代西方"通过扩张和战争手段实现崛起"完全不同的和平发展道路。中国将"为维护世界和平和促进人类进步事业而努力"载入《宪法》，并将和平发展视为实现国家富强、民族复兴的唯一正确道路。正如美国学者所感慨的，"世界上没有一个国家能在崛起的时候给世界提供这么多机会"，通过"和平崛起、和谐世界，永久和平、共同繁荣"的国家发展理念，以"开放、合作、共赢"为特征的中国道路成功实现了"后起国家依靠和平方式的国家振兴"，开创了近代以来人类文明发展道路的先河，也为世界上为数众多的落后地区与发展中国家开辟了一条切实可行的和平发展道路。

过去300年，西方资本主义自由经济体制在创造前所未有的物质财富与社会生产力的同时，也呈现出周期性危机的经济循环。这期间，德国、日本依靠国家体制成功进行了资本主义发展道路的改良探索。20世纪30年代西方资本主义世界大萧条背景下，前苏联计划经济体制下的国家工业化发展道路取得成功后，美国率先在自由主义经济体制中引入政府这只"看得见的手"参与国家经济，用国家的力量推动经济的运转。但在自由经济体制背景下，以英美为代表的"政府看得见的手"与"市场经济无形的手"相结合的西方道路，仍无法摆脱危机循环的经济发展宿命。与之相比较，有着深远的国家治理经济传统的中国，在大胆吸收和借鉴人类社会优秀文明成果的基础上开创的中国特色社会主义道路，在过去35年

① 引自 http://news.xinhuanet.com/politics/2014-01/21/c_119060397_2.htm。

的社会实践中打破了西方经济循环的命运。以社会主义国家体制、市场经济、科技创新与现代化管理为内涵，以强大的学习适应能力和不断自我完善为特征的“中国道路”，展示了保持繁荣稳定、持续高速发展的先进性与独特性，不仅为后发国家的道路选择提供了重要的经验支撑，也为发达国家西方道路的改良提供了极具价值的发展借鉴。

三、做忠诚的爱国者

爱国主义包含着情感、思想和行为三个基本方面。其中，情感是基础，思想是灵魂，行为是体现。爱国情感是人们对祖国的一种直接感受和情绪体验。爱国思想是人们对祖国的理性认识。爱国行为是指人们身体力行、报效祖国的实际行动，是爱国主义精神的落脚点和归宿。只有做到爱国的情感、思想和行为一致的人，才是真正的爱国者。爱国主义不仅代表了人们对自己祖国的深厚情感，更体现为现实的义务和责任。脚踏实地，做忠诚的爱国者，应当成为每一个中华儿女的基本追求。

1. 自觉维护国家利益

自觉维护国家利益，就要承担起对国家应尽的义务。每一个中国公民都要把国家的安全、荣誉和利益放在高于一切的地位，与祖国同呼吸共命运。当祖国的领土和主权受到外来侵略时，自觉地担负起保卫祖国的神圣职责；当国家的利益受到损害时，同一切损害国家利益的行为做斗争；当个人利益与国家利益发生矛盾时，个人利益应当服从国家利益。

自觉维护国家利益，就要维护改革发展稳定的大局。爱国应当是一种理性的行为，不是简单的情感表达，要讲原则、守法律，以合理合法的方式来进行。不管是在国内还是国外，既要体现中国人维护国家利益的坚定信念，又要体现出中国公民的文明形象和风范。应充分认识和尊重人类文化的多样性，虚心学习和借鉴别国的长处和经验，并积极承担国际责任，为世界的和平与发展做出贡献。

自觉维护国家利益，就要树立民族自尊心和自豪感。民族自尊心和自豪感就是相信依靠本民族的力量能够迎接挑战、战胜困难，使自己的祖国傲然屹立于世界民族之林。坚定的民族自尊心和自豪感，是维护国家利益、促进民族进步取之不尽、用之不竭的强大精神动力。邓小平曾告诫我们：“谈到人格，但不要忘记还有一个国格。特别是像我们这样第三世界的发展中国家，没有民族自尊心，不珍惜自己民族的独立，国家是立不起来的。”真正的爱国者，在任何时候、任何情况下都要把维护国家的安全、荣誉和利益放在第一位，把民族自尊心和自豪感体现在爱国的实际行动中。

2. 促进民族团结，维护祖国统一

同学们要自觉做促进民族团结和祖国统一的模范，同一切破坏民族团结和祖国统一的思想、行为进行坚决的斗争。要努力学习掌握党和国家加强民族团结、实现国家统一的方针、政策及相关法律，努力增长才干，为全面开创各族人民共同团结奋斗、共同繁荣发展的

新局面，实现祖国统一贡献自己的力量。

在中华民族漫长的历史发展过程中，共同缔造统一的多民族国家，使中华民族大家庭团结和睦，始终是人心所向，国家民族的整体利益把各民族的兴衰荣辱牢牢地维系在一起。新中国成立后，党和国家在解决民族问题上实行民族区域自治制度，强调尊重不同民族的文化传统、宗教信仰和风俗习惯。实践证明，民族区域自治制度的实行，对于维护和巩固祖国的统一，维护各民族的利益和权利，促进各民族的共同奋斗和共同繁荣发展，发挥了极其重要的作用。

解决台湾问题，实现祖国完全统一，是海内外中华儿女的共同心愿，是中华民族的根本利益所在。为了早日实现祖国统一，中国共产党和中国人民做出了不懈努力。推进两岸关系发展和祖国统一大业，必须坚持“和平统一、一国两制”的基本方针，坚持一个中国的原则决不动摇、争取和平统一的努力决不放弃、贯彻寄希望于台湾人民的方针决不改变、反对“台独”分裂活动决不妥协。要贯彻实施《反分裂国家法》，以最大的诚意、尽最大的努力争取和平统一的前景，同时绝不允许“台独”分裂势力以任何名义、任何方式把台湾从祖国分裂出去。不管国际形势如何变化，中华民族实现国家统一的决心和信心是不可动摇的。

3. 增强国防观念

(1) 增强国防观念是新时期爱国主义的重要内容

国防是国家为抵御外来侵略与颠覆，捍卫国家主权、领土完整，维护国家安全、统一和发展，而进行的军事以及与军事有关的政治、经济、科技、文化、教育等方面的建设和斗争。

国防观念是指一个国家和民族对国防建设的目的、内容、途径和重要性等问题的认识，它主要包括国防忧患意识、国防目标意识、国防价值意识、国防责任意识、国防法制意识和国防献身意识等。在我国，国防观念鲜明地反映了全国人民对防御外来侵略、捍卫祖国统一、维护民族和国家根本利益的自觉关注。增强国防观念，不仅是保障国防安全的需要，也是增强民族凝聚力和向心力的“黏合剂”。

国防是国家生存与发展的安全保障。历史证明，国防与国家的兴衰、国民的安危密切相关。国防力量强大能为国家、民族的生存发展提供有力的保障，而国防力量羸弱则会使国家、民族面临受凌辱甚至被侵略的灾难。

新中国成立后，党和国家非常重视国防建设，反复强调加强国防教育，增强全民的国防观念。要认真贯彻落实《国防教育法》，深入开展以爱国主义为核心的国防教育，不断增强全民的国防意识，增强关心国防、热爱国防、建设国防、保卫国防的光荣感和责任感，更加自觉地履行国防义务。

(2) 增强国防观念的重要意义

增强国防观念，是报效祖国、弘扬爱国主义精神的重要体现。革命战争年代，无数青年学子在国家和民族危难之际，以报国为己任，义无反顾地投笔从戎，甘洒热血，奉献全部的青春和智慧，甚至宝贵的生命。今天，尽管我们国家处于和平时期，但“天下虽安，忘战必危”，当代青年同样需要这样一种强烈的爱国之情、报国之心和卫国之志。

增强国防观念，是履行国防义务，关心支持国防和军队建设的必然要求。当今世界，和平与发展仍然是时代的主题。但天下并不太平，影响和平与发展的不确定因素在增加。传统安全威胁和非传统安全威胁的因素相互交织，恐怖主义危害上升，霸权主义和强权政治有新的表现，国际局势错综复杂。西方敌对势力从来就没有放弃“西化”“分化”我国的图谋。我国安全形势总体是好的，但不稳定不确定因素仍然存在。我国在走和平发展道路的征程中，还会遭遇各种风险和挑战的考验。我们在集中精力发展经济的同时，必须大力加强国防和军队建设，为捍卫国家的主权、安全和领土完整，维护国家利益、促进经济社会发展提供有力保障。

增强国防观念，是提高综合素质，促进自身全面发展的迫切需要。国防素质是每个人应当具备的基本素质之一。通过接受国防和军事方面的教育训练，增强国防观念，掌握基本的国防知识，不仅有助于我们强健体魄，磨炼意志，也有助于我们养成讲道德、守纪律的良好风尚，在思想、知识、技能和体质等各方面得到全面发展，从而促进自身综合素质的提高，成为既能建设祖国、又能保卫祖国的栋梁之材。

增强国防观念，要体现在日常学习、生活和社会实践的方方面面，主要有：学习国防知识，提高国防意识和素质；参加军事训练，学习国防知识和军事技能；参与国防教育活动，增进对国防的感性认识；关注国家的安全与发展，强化忧患意识。

专题链接

有一种精神叫报国①

《中国青年报》上刊登了一篇文章，一位专门研究朝鲜战争的日本学者来到中国，他想象不出中国军队如何能够在50年前那场残酷的战争中舍生忘死、英勇无畏，他在一所大学里问一位年轻的大学生，是否知道在抗美援朝战争中有一位叫邱少云的中国士兵，为忠实执行上级的命令而被大火烧死。令日本学者惊骇的是，那位中国大学生竟回答说：“知道，但我们再也不会有那么傻的人了。”

此言一出，即引发了人们对于目前中国学生的人生价值观和精神面貌的思考。毕竟上一代人用鲜血和生命谱写的是历史的光荣，而21世纪中国的辉煌将需要今日学生——这一代新人的有效努力。

对于那位大学生给予日本学者的回答，一位中国作家评论说：“这个回答应令我们整个民族羞愧，令我们今天的时代面对历史而羞愧。”众所周知，20世纪50年代，中国人的人生价值指向是“无我”和“忘我”，即国家的需要就是个人的需要，国家的利益高于一切。抗美援朝战争的胜利，也正是上一代人爱国主义、国际主义精神的胜利。

4. 以振兴中华为己任

“振兴中华，从我做起”，这是改革开放初期的大学生所喊出的响亮口号。这个口号鼓

① 引自人民网 http://www.people.com.cn/GB/paper83/2026/324447.html。

舞着无数青年学子投身于祖国的现代化建设事业，在各自的工作岗位上建功立业。在新的历史时期，同学们应当继续坚持以振兴中华为己任，努力做到立报国之志、增建国之才、践爱国之行。

报国之志是爱国之情、忧国之心的深化，又是自觉地增建国之才和践爱国之行的动力。爱国不分先后，爱国也不在于做大事还是做小事。一个人尽己所能，为国家和人民做出了力所能及的贡献，就可以无愧于“爱国者”的称号。所以，报国之志也是一颗平常心，就像在母亲面前尽一份孝心。如果每一个公民都能自觉做到这一点，国家就必定会兴旺强盛起来。

在不同历史条件下，人们报效祖国的方式往往是不同的。吉鸿昌以慷慨赴死表明自己的爱国决心，陈嘉庚以倾囊兴办教育的方式体现自己的爱国情感，焦裕禄以一心为民的实际行动表现自己的报国之心，邓稼先以默默献身于国防建设来实现自己的报国志愿。同学们能够报效祖国的方式更加多种多样，路就在自己的脚下，关键是要脚踏实地地向前走。

真正的爱国主义不应表现在漂亮的话语上，而应该表现在为祖国谋福利、为人民谋福利的行动上。爱国行为表现在对祖国的忠诚、热爱和责任上，同学们要树立国家主人翁的责任感，自觉维护祖国的安定、团结和统一，为祖国富强而努力学习，投身社会实践。

专题链接

少年中国说(节选)[①]

梁启超

故今日之责任，不在他人，而全在少年。少年智则国智，少年富则国富，少年强则国强，少年独立则国独立，少年自由则国自由，少年进步则国进步，少年胜于欧洲，则国胜于欧洲，少年雄于地球，则国雄于地球。红日初升，其道大光；河出伏流，一泻汪洋。潜龙腾渊，鳞爪飞扬；乳虎啸谷，百兽震惶；鹰隼试翼，风尘吸张。奇花初胎，矞矞皇皇；干将发硎，有作其芒。天戴其苍，地履其黄，纵有千古，横有八荒，前途似海，来日方长。美哉我少年中国，与天不老；壮哉我中国少年，与国无疆。

课后讨论

1. 人们常把祖国比作母亲，这是一种什么样的情感？为什么会有这种情感？在生活中这种情感体现在哪里？

2. 评论最近国际、国内或者你身边发生的一件事。写出“今天，这样的爱国行为令我感动”或者“今天，这样的冷漠行为令我愤怒”。

3. 你如何看待当今学子的出国热？对于一些学成后仍留在国外工作的学子，你持什么态度？

---

① 《清议报》第35册，1900年2月10日。

4.“九·一八”是中国的国耻日。然而因“久要发”的谐音，使它成了发财致富的吉祥日。许多公司，都集中在这一天成立，鞭炮齐鸣，彩旗飘扬，连日本人对该举动也大惑不解，中国人怎么啦？谈谈你的看法。

思考题

1. 怎样继承和发扬中华民族的爱国主义优良传统？
2. 在经济全球化条件下为什么要弘扬爱国主义精神？
3. 新时期的爱国主义有哪些主要内容？
4. 做一个忠诚的爱国者需要在哪些方面做出努力？

第五章　加强道德修养　锤炼道德品质

人民的伟大不是以他的数量来衡量，正如一个人的伟大不是以他的身高来衡量一样。衡量伟大的唯一标尺是他的精神发展和道德水平。

——（法）雨果

加强思想道德修养，牢固树立社会主义荣辱观，做一个知荣辱、讲道德的人，是党和人民的殷切期望，也是我们每个人自身全面发展、健康成长的重要条件。同学们要继承和弘扬中华民族优良道德传统，全面把握社会主义道德建设的核心、原则，自觉恪守公民基本道德规范，积极参加道德实践，努力养成良好的道德品质。

一、道德及其历史发展

道德属于上层建筑的范畴，是一种特殊的社会意识形态。它通过社会舆论、传统习俗和人们的内心信念来维系，是对人们的行为进行善恶评价的心理意识、原则规范和行为活动的总和。了解道德的起源、本质、功能、作用及历史发展，有助于我们每一个人加强道德修养，锤炼道德品质。

1. 道德的起源与本质

道德是由一定的社会经济关系决定的，是以善恶为评价标准，依靠社会舆论、传统习俗和人们的内心信念来维系的行为规范和原则的总和。道德行为规范体系由道德原则、道德核心和道德基本要求等组成的。

（1）道德的起源

马克思主义认为，道德作为一种社会现象，其产生有多方面的条件，经历了一个漫长的历史过程。首先，社会关系的形成是道德赖以产生的客观条件。道德是社会关系的产物，只有形成了人与人、人与社会之间的相互关系，才会产生道德。其次，人类自我意识的形成与发展是道德产生的主观条件。当人们意识到自己作为社会成员与其他动物的根本区别，意识到自己与他人或集体的不同利益关系以及产生了调解利益矛盾的迫切要求时，道德才得以产生。应该看到，道德产生所需要的主客观条件是统一于生产实践的。劳动创造了人和人类社会，劳动是人类道德起源的第一个历史前提。人们在劳动中结成生产关系，并产生需要调整的人与人之间的利益关系，创造人们的道德需要，提供道德产生和发展的动力，也形成道德产生所需要的主客体统一的重要条件。

人类最初的道德以风俗习惯等形式表现出来。随着社会生产力的发展和社会生活的日益复杂化、多样化，特别是随着人类文明时代的开始，道德逐渐从风俗习惯中分化出来，成为一种相对独立的社会意识形式。

(2) 道德的本质

道德作为一种特殊的社会意识形式，归根到底是由经济基础决定的，是社会经济关系的反映。首先，社会经济关系的性质决定着各种道德体系的性质。其次，社会经济关系所表现出来的利益决定着各种道德的基本原则和主要规范。再次，在阶级社会中，社会经济关系主要表现为阶级关系，因此，道德也必然带有阶级属性。最后，社会经济关系的变化必然引起道德的变化。

道德对社会经济关系的反映不是消极被动的，而是以能动的方式来把握世界和引导、规范人们的社会实践活动。人们正是通过对道德的把握，来感受社会关系的脉动，识别社会发展的方向，确定自身生存发展与社会和自然的关系，并形成自己关于责任和义务的观念，确立自己的道德理想，自觉地扬善抑恶，明辨荣辱，选择高尚，弃绝卑下，保持社会和个人的健康发展。

2. 道德的功能与作用

(1) 道德的主要功能

道德的功能，是指道德作为社会意识的特殊形式对于社会发展所具有的功效与能力。道德的功能集中表现为，它是处理个人与他人、个人与社会之间关系的行为规范及实现自我完善的一种重要精神力量。在道德的功能系统中，主要的功能是认识功能和调节功能。

道德的认识功能是指道德反映社会现实特别是反映社会经济关系的功效与能力。道德是人们认识和反映社会现实状况以及人与人之间关系的一种方式。道德往往借助于道德观念、道德准则、道德理想等形式，帮助人们正确认识社会道德生活的规律和原则，认识人生的价值和意义，认识自己对家庭、他人、社会的义务和责任，使人们的道德实践建立在明辨善恶的认识基础上，从而正确选择自己的道德行为，积极塑造自身的道德人格。

道德的调节功能是指道德通过评价等方式，指导和纠正人们的行为和实践活动，协调人们之间关系的功效与能力。这是道德最突出也是最重要的社会功能。道德评价是道德调节的主要形式，社会舆论、传统习惯和人们的内心信念是道德调节所赖以发挥作用的力量。如果道德反映社会发展的客观必然性，就能引导和激发人们的主动性和积极性，不断调节社会整体和个人的关系，使个人与他人、个人与社会的关系逐步完善和谐，使人们的行为逐步从“实然”向“应然”转化。在社会生活中，道德调节并不是孤立进行的，而是和其他社会调节手段密切配合，共同发挥调节效用。

除了上述主要功能，道德还具有其他方面的功能，如导向功能、激励功能、辩护功能、沟通功能等，这些功能都是道德的认识功能和调节功能在某些方面的具体体现，都建立在这两种功能的基础上。

（2）道德的社会作用

道德功能的发挥和实现所产生的社会影响及实际效果，就是道德的社会作用。道德的社会作用主要表现在：道德能够影响经济基础的形成、巩固和发展；道德对其他社会意识形态的存在和发展有着重大的影响；道德是影响社会生产力发展的一种重要的精神力量；道德通过调整人们之间的关系维护社会秩序和稳定；道德是提高人的精神境界、促进人的自我完善、推动人的全面发展的内在动力；在阶级社会中，道德是阶级斗争的重要工具。在看到道德具有重大的社会作用的同时，也必须看到道德发挥作用的性质并不都是一样的。道德发挥作用的性质与社会发展的不同历史阶段相联系，由道德所反映的经济基础、代表的阶级利益所决定。只有反映先进生产力发展要求和进步阶级利益的道德，才会对社会的发展和个人素质的提高产生积极的推动作用；反之，就不利于甚至阻碍社会的发展和个人素质的提高。

社会主义道德在社会主义精神文明中占有重要地位。它对于社会发展的能动作用，比历史上任何道德都更加广泛、更加深刻、更加强大。它对于增强同学们成才的动力、提高个人的全面素质、优化个人的成长环境具有不可或缺的重要作用。

专题链接

2014 感动中国人物：门巴族的“护梦人”——格桑德吉[①]

不想让乡亲的梦，跌落于悬崖。门巴的女儿执意要回到家乡，坚守在雪山、河流之间。她用一颗心，脉动一群人的心，用一点光，点亮山间更多的灯火。

格桑德吉，女，西藏自治区墨脱县帮辛乡小学的一名教师。

2000 年，格桑德吉毕业于河北师范大学，毕业之后她并没有像其他同学一样选择留在大城市工作，而是毅然回到了西藏。为了让雅鲁藏布江边、喜马拉雅山脚下的门巴族孩子有学上，格桑德吉放弃拉萨的工作，主动申请到山乡小学教学。

墨脱县帮辛乡，因常年泥石流、山体滑坡，是墨脱最后一个通公路的乡。为了劝学，格桑德吉天黑走悬崖，在满是泥石流、山体滑坡的道路上频繁往返；为了孩子们不停课，别村缺老师时她不顾六个月身孕、背起糌粑上路；为了把学生平安送到家，每年道路艰险、大雪封山时，格桑德吉过冰河、溜铁索，把四个月才能回一次家的学生们平安送到父母的身边。

这些年来，为了教好孩子们，格桑德吉将自己的女儿央珍从两岁时一直寄养在拉萨的爷爷家，当一年之后格桑德吉再到拉萨的时候，女儿已经不认识她了。2013 年，时逢格桑德吉荣获“最美乡村教师”荣誉称号，节目组特地邀请了格桑德吉的丈夫和女儿来到北京。同时，这也是格桑德吉与女儿的第五次见面。

---

① 引自 http://zhongxue.xdf.cn/201402/9897269.html。

十三年来，在格桑德吉的努力下，门巴族孩子从最初失学率30%，变成到今天入学率95%。她教的孩子有6名考上大学，20多名考上大专、中专，而她自己的女儿却留在了拉萨，一年才能见一次。村民们亲切地称她为门巴族的“护梦人”。

3. 道德的历史发展

道德不是千古不变的，同其他社会意识形态一样，道德也有自己的发生发展过程。迄今为止，人类社会先后经历了五种基本社会形态，与此相适应，出现了道德发展的五种历史类型，即原始社会的道德、奴隶社会的道德、封建社会的道德、资本主义社会的道德和社会主义社会的道德。在社会主义社会，有一部分先进分子，还身体力行共产主义道德。每一个社会都有与其经济基础相适应的占统治地位的道德；在同一社会形态中，不同的阶级或人群还会有不同的道德。在阶级社会中，占社会统治地位的道德是统治阶级的道德，而同时存在着的被统治阶级的道德则总是处于从属的地位。

人类道德的发展，是一个曲折上升的历史过程。道德发展的规律是：人类道德发展的历史过程与社会生产方式的发展进程大体一致。虽然在一定时期可能有某种停滞或倒退现象，但道德发展的总趋势是向上的、前进的，是沿着曲折的道路向前发展的。

人类道德进步的主要表现是：道德在社会生活中所起作用越来越重要，对于促进社会和谐与人的全面发展的作用越来越突出；道德调控的范围不断扩大，调控的手段或方式不断丰富、更加科学合理；道德的发展和进步成为衡量社会文明程度的重要尺度。社会主义和共产主义道德，是人类道德发展合乎规律的必然产物，是人类道德发展史上的一种崭新类型的道德，是对人类道德传统的批判继承，并必然随着社会的进步和实践的发展而与时俱进。

二、继承和弘扬中华民族优良道德传统

人类道德的发展具有其内在的规律性，是在继承和弘扬优良道德传统的基础上不断发展和进步的。要以马克思主义为指导，紧密结合新的实际，继承和弘扬中华民族的优良道德传统，推进中国特色社会主义道德建设。

1. 继承和弘扬中华民族优良道德传统的重大意义

传统似江河之水，又似生命之流，它是一个民族世代积累下来的相对稳定的历史经验。虽然其中也有落后保守的成分，但其精华部分，往往凝聚着一个民族的智慧和力量，成为一个民族迎接新的挑战、开拓前进的内在精神动力。中国有五千多年的文明史，道德资源十分丰厚。中国传统道德是中国历史上不同时代人们的行为方式、风俗习惯、价值观念和文化心理的体现，是中国古代思想家对中华民族道德实践经验的总结、提炼和概括。今天，继承和弘扬中华民族优良道德传统，具有重大的现实意义。

继承和弘扬中华民族优良道德传统是社会主义现代化建设的客观需要。在实现现代

化的过程中，任何一个国家都面临着如何对待传统文化和传统道德的问题。世界各国都有各自的历史和文化道德传统，这是它们在实现现代化的过程中能否保持自己特色、走出自己道路的重要基础。世界各国现代化的实践充分说明，现代化的模式可以多种多样，但都不能脱离自身的民族性。中国的现代化进程，如果离开对中华民族优良道德传统的继承和弘扬，就会失去历史的基础，而难以更好地推进。只有继承和弘扬中华民族优良道德传统，才能充分激发整个民族的潜能，为社会主义现代化建设提供精神动力。

继承和弘扬中华民族优良道德传统是加强社会主义道德建设的内在要求。我国社会主义道德不是凭空产生的，而是继承中华民族优良道德传统，并结合时代发展的要求而形成的。建设中国特色社会主义道德必须继承和弘扬中华民族的优良道德传统。继承和弘扬中华民族优良道德传统能够提高民族自尊心和民族自信心，增强民族自豪感和民族责任感；能够使社会主义道德体系具有更丰富的内容，具有更能为广大群众所喜闻乐见的民族形式；能够使人际关系更加和谐，促进经济社会更好地发展；能够使爱国主义、集体主义和社会主义思想更加深入人心，形成适应时代发展、具有中国特色的价值观和伦理道德规范。

继承和弘扬中华民族优良道德传统是个人健康成长的重要条件。人总是在一定的道德环境之中成长的。中华民族优良道德传统是中华民族的根，也是每一个中国人的根。它像是一块永不会磨蚀的“胎记”，是中华民族身份认同的重要标志。继承和弘扬中华民族优良道德传统，有利于提高我们每个人的道德修养。优良道德传统的熏陶和润泽，能够内化为个人价值选择和价值判断的准则，不断丰富我们的精神世界，完善我们的人格和道德品质，成为个人成长成才的重要推进力量。

2. 中华民族优良道德传统的主要内容

中华民族在长达数千年的历史发展中，形成了源远流长的优良道德传统。这些优良道德传统内涵丰富、博大精深，是中华民族生命机体中不可分割的组成部分，是人类文明发展的重要精神财富，是我们建设社会主义道德的丰富源泉。这些优良道德传统，概括起来主要有：

注重整体利益、国家利益和民族利益，强调对社会、民族、国家的责任意识和奉献精神。中国传统道德的发展演化中，公私之辩始终是一条主线。“公义胜私欲”是中国传统道德的根本要求。两千多年前的《诗经》已经提出“夙夜在公”的道德要求，认为日夜为公家办事，是一种高尚的道德品质。《尚书》也有“以公灭私，民其允怀”的思想，认为官员应当以公心灭除自己的私欲，这样就可以得到老百姓的信任和依附。西汉初年的贾谊在他的《治安策》中提出“国而忘家，公而忘私”，宋代的范仲淹在《岳阳楼记》中提出“先天下之忧而忧，后天下之乐而乐”，都显示了强烈的为国家、为民族、为整体而献身的精神。我国历史上曾出现过许多爱国爱民、为民族为社会舍小家顾大家的杰出人物，他们创造了无数可歌可泣的业绩，至今仍为人们所传颂。正是从国家利益和整体利益的原则出发，中国古代思想家强调在“义”和“利”发生矛盾时，应当“义以为上”“先义后利”“见利思义”，主张“义然后取”，反对“重利轻义”和“见利忘义”。这种提倡“先义后利”和反对“见利忘义”的思想，不但在中华民族的长期发展中起了积极的作用，而且对提高我国当前的道德水平仍有重要意义。

推崇“仁爱”原则，追求人际和谐。中国传统伦理思想一直尊重人的尊严和价值，崇尚“仁爱”原则，主张“仁者爱人”，强调要“推己及人”，关心他人。孔子强调“己所不欲，勿施于人”,“己欲立而立人,己欲达而达人”,认为在人和人的相处中,应当设身处地地为对方考虑,凡是我不愿意别人施加于我的一切事情,我都应当自觉地不施加于别人,以免别人受到伤害;我希望达成的事情,也要允许和帮助别人能够达成。他认为,“克己复礼为仁”,“孝悌也者,其为仁之本与”。孟子也强调,“老吾老以及人之老,幼吾幼以及人之幼”,“亲亲而仁民,仁民而爱物”。荀子则强调,“仁者自爱”。墨子从人和人之间的相互尊重和功利原则的角度,提出“兼相爱,交相利”的思想。从仁爱精神出发,我国古人主张“和为贵”,提出了“亲仁善邻,国之宝也”的思想,强调社会和谐,讲求和睦相处,倡导团结互助,追求天人和谐、人际和谐、身心和谐。中国人在对外关系中秉承强不执弱、众不暴寡、富不侮贫的精神。几千年来,中国人始终与人为善,推己及人,建立了和谐友爱的人际关系;中华各民族始终互相交融,和衷共济,形成了团结和睦的大家庭;中华民族始终亲仁善邻,协和万邦,与世界其他民族在平等相待、互相尊重的基础上发展友好合作关系。推崇仁爱原则、崇尚和谐、爱好和平是中华民族的优良传统和高尚品德。

讲求谦敬礼让,强调克骄防躁。中国自古就有“礼仪之邦”的美誉,谦敬礼让是中华民族优良的道德传统。在中国传统道德中,谦敬既是个人自身修养的美德,也是为人处事的道德要求。谦即自谦,虚以处己;敬即敬人,礼以待人。谦敬与礼让是联系在一起的,“恭敬之心,礼也”。中国传统道德认为,礼是人与动物相区别的标志。“凡人之所以为人者,礼义也”。礼也是人的立身之本和区分人格高低的标准。孔子说:“不学礼,无以立。”中国传统道德在提倡谦敬礼让的同时,提醒人们“事思敬”,“不居功”,“择善而从”。

倡导言行一致,强调恪守诚信。在中国古人看来,诚是指一种真实无妄、表里如一的品格,也是道德的根本,故“养心莫善于诚”。信是指一种诚实不欺、遵守诺言的品格。中国传统道德认为,诚信的内容和要求是多方面的,但最基本的是以诚为本,取信于人,“与朋友交,言而有信”;为人思诚,信以行义,“信近于义,言可复也”。诚信之德在于言必信,行必果,言行一致,表里如一,讲究信用,遵守诺言。

追求精神境界,把道德理想的实现看作是一种高层次的需要。中国传统道德认为,人之所以不同于动物,是因为人有道德,因而人们除了有物质需要外,还有精神需要,而一切精神需要中最高尚的需要,就是道德需要。道德需要是对理想人格的追求。要实现这种追求,就应当明智。智,也作知,即理智、智慧。孟子把智看成是判断是非善恶的一种能力,认为“是非之心,智也”。在古人看来,“明智”则必须“好学”,学习既包括学习一般的文化知识,也包括学习伦理道德知识,是道德修养的重要内容和途径。圣贤由学而成,道德由学而进,才能由学而得,离开学将一事无成。《礼记·中庸》强调“博学之,审问之,慎思之,明辨之,笃行之”,要求人们通过勤奋的学习,学以成德,学以成性,“变化气质”。

重视道德践履,强调修养的重要性,倡导道德主体要在完善自身中发挥自己的能动作用。中国历史上的儒、墨、道、法各家都认为,在塑造理想人格的过程中,最重要的就是要奋发向上、切磋践履、修身养性。孔子说:“仁远乎哉?我欲仁,斯仁至矣”,“有能一日用其力于仁矣乎?我未见力不足者”,认为“仁”这种道德品质和道德境界,对人们来说,并不是遥远而不可达到的。人们应当“见贤思齐焉,见不贤而内自省也”,“吾日三省吾身”。荀子认为,“道虽迩,不行不至;事虽小,不为不成”。墨家也非常重视“修身”,强调“察色修身”和“以身戴行”,注重社会环境对人的道德品质的影响。

此外,还有如廉洁自律、宽厚待人、艰苦朴素、勤劳节俭、孝敬父母、尊老爱幼、尊师敬业,以及刚健有为、自强不息、舍生取义、见义勇为、奋发图强等,也是中华民族优良道德传统的重要内容。在长期的历史发展中，中华民族优良道德传统已经深入到全民族的思维方式、价值观念、行为方式和风俗习惯之中。中华民族虽然历经无数磨难与困苦，但始终能屹立于世界民族之林，应当说，是同自身所具有的优良的道德传统的作用分不开的。

专题链接

梅兰芳的艺德美[①]

今年是京剧艺术大师梅兰芳诞辰110周年。曾与梅先生同台献艺12年、92岁高龄的京剧表演艺术家王琴生先生深情回忆起梅先生的戏德之美。

美的艺术来自美的心灵。王琴生由衷地赞美说，梅先生是一代德高望重的艺术大师。但他不以著名表演艺术家自居，而是严肃认真地对待艺术，严格要求自己，虚心听取同行和广大观众的意见。1952年梅大师在武汉大舞台上演《凤还巢》。王先生在前台楼上观摩梅大师的演出。本来那句原板“何况那朱千岁甚是不端”一向都是满堂彩，但这一天却无彩声。王先生很奇怪，仔细琢磨，原来梅大师每次唱到这句时，都是脸朝外，手势也冲外指；而这一天，他一边唱，脸一边朝着端坐台中间的老旦偏过去了，彩声也就没有了。在吃夜宵时，王先生直率地提了意见。次日，梅大师就改了过来，果然又赢得了满堂彩。梅先生待人至诚，互勉互励。在演出过程中，同台演员如不慎出点差错，他从来不发脾气训人，而是救场如救火，尽力设法圆场，下台后还关照几句，安慰一下。1952年在青岛演《龙凤呈祥》时，扮小太监的演员第一次与梅大师同台，特别紧张，脱口而出，竟把未婚的孙尚香叫成“娘娘”，引起倒好。梅大师温和地安慰他：“别难过！下次再演，还是由你来扮小太监，就不会念错了！”

梅大师常说，艺术上的竞争不是钩心斗角，而是善于取人之长，补己之短。当程砚秋先生整理全本《窦娥冤》后，梅大师认为，该剧更适合程派艺术特长。于是他不再演这个剧目。不仅如此，对其他行当和兄弟剧种，他也博采众长，积极吸取他们的艺术精华来丰富自己的表演艺术，并根据自身条件和剧情需要，加以咀嚼消化，发挥创造，化成梅派的艺术风格。梅大师毫不保留，对向他求教的演员及弟子，热情地传授自己的艺术和经验。梅大师为人处世，平易近人，急公好义。他听说谁有了什么困难、就主动地给人帮助，绝不宣扬自己。国家有什么事找他协助，也义不容辞。这是梅大师一生做人的优良品德，他是一位德艺双馨的艺术家。

3. 正确对待中华民族道德传统

中华民族的道德传统是一个矛盾体，具有鲜明的两重性。属于精华的部分，表现出积极、革新、进步的一面；属于糟粕的部分，则表现出消极、保守、落后的一面。正确对待中华民族道德传统，要坚持马克思主义的立场、观点和方法，既不能全盘肯定、全面照搬，也不能全盘否定、全面抛弃。要按照是否有利于推动中国特色社会主义的建设事业，是否有利于建设和形成中

---

① 引自新浪网 http://ent.sina.com.cn/2004-11-16/0444566251.html。

国特色社会主义的道德体系，是否有利于维护广大人民群众的根本利益，是否有利于培养社会主义"四有"新人的标准，做好取舍和创造性的转化工作。要通过分析、鉴别、取舍和改造，剔除那些带有明显的阶级和时代局限性的成分，继承和弘扬优良的道德传统，特别是那些反映普遍性、共同性和一般性道德要求，对我们今天的道德实践仍然具有借鉴意义的积极内容。

在对待传统道德的问题上，要反对两种错误思潮。一种是文化复古主义思潮，认为中国之所以落后，就是因为传统文化特别是儒家传统文化的失落。所以，道德建设的最终目标就是要恢复中国的"固有文化"，形成以中国传统文化为主体的道德体系，并通过这种传统道德的复兴来衍生出现代的科学和民主，即所谓"返本开新"。另一种是历史虚无主义思潮，认为中国传统道德从整体上来说在今天已经失去了价值和意义，不能满足我国现代化建设的需要，必须从整体上予以全盘否定。这两种思潮都是错误的，都割裂了共性和个性、抽象和具体、一般和个别、普遍性和特殊性的关系。复古论在对待中国传统道德的问题上，只承认其一般性、普遍性而否定其个别性和特殊性，把传统的东西与现代的事物完全等同，这实际上是否定道德的历史和发展。虚无论则只承认中国传统道德的个别性、特殊性，而否定中国传统道德的一般性、普遍性，这实际上也就割断了道德的历史继承性。从中国历史发展的过程来看，无论是复古论还是虚无论，都对社会的发展特别是道德文化的进步产生了十分消极的影响。在对待中国传统道德的问题上，我们要坚持批判继承的原则，注意科学辨析，自觉避免各种错误倾向的影响。

一个国家或民族的文化发展和道德进步，除了要注意继承和弘扬本民族文化和道德的优良传统之外，还必须积极吸收其他民族文明的优秀成果。人类文化和文明发展进步的过程表明，一种文化通过与异质文化的交流和碰撞、冲突和融合，是保持其生命力，实现自我更新和发展的重要机制，是文化演进发展的一种带规律性的现象。当今任何民族或国家的文明发展和道德进步，都不可能不受到其他民族、国家的文化或道德文明成果的影响，都不可能脱离人类文明发展的大道。世界上许多民族，在人类发展的不同时期，对人类文明都作出过贡献。西方历代思想家对道德的起源和本质、道德的原则和规范、道德品质、道德评价、道德教育和修养等进行的有益探讨，其中不乏超越时代、国家、民族乃至阶级界限的真知灼见，极大地丰富了人类社会共同的文明成果，并为我国今天的道德建设与道德修养提供了有益的借鉴。在对待其他民族或国家的道德文明成果的问题上，要坚持马克思主义的立场、观点和方法，坚持以我为主、为我所用的原则，既反对全盘西化、机械照搬，又反对全盘否定、盲目排外，在批判的基础上加以借鉴、吸收，剔除其带有阶级和时代局限性的糟粕，吸收其带有普遍性和一般性、对今天有积极意义的精华。

专题链接

中华民族传统美德之"爱国"①

以家为家，以乡为乡，以国为国，以天下为天下。——《管子·牧民》

---

① 引自 http://www.js－zs.org/lizhi/mingyan/27530.html。

临患不忘国，忠也。——《左传·昭公元年》
长太息以掩涕兮，哀民生之多艰。——屈原《离骚》
苟利国家，不求富贵。——《礼记·儒行》
捐躯赴国难，视死忽如归。——曹植《白马篇》
烈士之爱国也如家。——葛洪《抱朴子·外篇·广譬》
先天下之忧而忧，后天下之乐而乐。——范仲淹《岳阳楼记》
位卑未敢忘忧国。——陆游《病起书怀》
王师北定中原日，家祭无忘告乃翁。——陆游《示儿》
人生自古谁无死，留取丹心照汗青。——文天祥《过零丁洋》
精忠报国。——《宋史·岳飞列传》
天下兴亡，匹夫有责。——顾炎武《日知录·正始》

三、践行和弘扬社会主义道德

社会主义道德是马克思主义伦理思想同中国特色社会主义伟大实践相结合的产物，是对中国古代优良道德传统的传承与升华，是对中国革命道德传统的直接继承和发展。中国革命道德传统是指1919年五四运动以来，中国共产党人、一切先进分子和人民群众在中国新民主主义革命实践中所形成的革命气概、精神品质和道德情操，它是对中华民族优良道德传统的继承和弘扬，是中国特色社会主义道德建设的思想源泉。新中国成立后，尤其是改革开放以来，社会主义道德建设不断取得进展，社会主义道德建设的核心、原则和公民基本道德规范已经逐步确立。践行和弘扬社会主义道德，树立和践行社会主义荣辱观，对提高全社会尤其是青少年的思想道德素质具有重要意义。

1. 社会主义道德建设与社会主义市场经济

在社会主义初级阶段，以公有制为主体、多种所有制经济共同发展是我国的基本经济制度。我国社会主义的道德建设，应当建立在这一基本经济制度基础上，反映这一基本经济制度的要求，为坚持和完善这一基本经济制度服务。在这一基本经济制度上实行的社会主义市场经济体制，以市场为配置资源的基础性手段的经济运行机制，对道德建设提出了新的要求。社会主义道德建设既有一个与社会主义市场经济相适应的现实要求，也有一个为社会主义市场经济体制的建立和完善提供道德价值导向的重要任务。

社会主义市场经济是社会主义条件下的市场经济。一方面，作为市场经济，它同资本主义条件下的市场经济在运行规则上有相通或相似之处。现代市场经济的共同属性和一般规律，是我国社会主义市场经济必须遵循的；另一方面，社会主义市场经济是同社会主义基本制度结合在一起的，是同社会主义精神文明结合在一起的，它要体现社会主义基本制度的要求，充分发挥社会主义的优越性。市场经济可以和不同的经济制度与政治制度相结合。要把市场经济和社会主义制度有机结合起来，离不开社会主义先进文化和社会主义道德体系。加快社会主义道德文化建设，有助于保证市场经济沿着社会主义轨道有序健康地发展。

实践证明，发展社会主义市场经济有利于解放和发展社会主义社会的生产力，增强社会主义国家的综合国力，提高人民的生活水平，也有利于增强人们的自立意识、竞争意识、效率意识、民主法制意识和开拓创新意识，调动人们的积极性和创造性，推动社会的道德进步。但也要看到，市场自身的弱点和消极方面，如趋利性、自发性等也会反映到道德生活中来，反映到人与人的关系上，容易诱发拜金主义、享乐主义、极端个人主义等消极现象，这些因素都会干扰社会主义的道德建设，阻碍社会主义市场经济的健康发展。适应新的形势和要求，建立和完善与社会主义市场经济相适应、与社会主义法律规范相协调、与中华民族传统美德相承接的社会主义思想道德体系，确立全体社会成员共同遵循的价值导向和行为准则，提高全民族的道德素质、全社会的文明程度，已成为当前全面建设小康社会、构建社会主义和谐社会的一项紧迫任务，也是同学们在成长成才过程中必须面对的重要课题。

把握社会主义市场经济对道德建设提出的新要求，要坚持公民承担社会责任与社会尊重个人合法权益相一致，先进性要求与广泛性要求相结合，着力培养与社会主义市场经济相适应的道德观念，为社会主义市场经济的发展提供良好的道德环境和有力的道义支撑。

要正确处理竞争和协作、自主和监督、效率和公平、先富与共富、经济效益和社会效益等关系。既勇于竞争，又有序竞争；既反对平均主义，又防止收入悬殊；既重经济效益，又重社会效益。要正确认识和运用物质利益原则，树立正确的义利观，既要鼓励人们通过诚实劳动、合法经营去获得正当的个人利益，也要大张旗鼓地褒奖见利思义、见得思义的言行，反对见利忘义、唯利是图，形成把国家和人民利益放在首位而又充分尊重公民个人合法利益的社会主义义利观。要正确发挥社会主义道德对市场经济的价值导向作用，形成和完善与社会主义市场经济相适应的道德规范，发挥市场经济的积极效应，避免市场经济的消极效应，促进和保障社会主义市场经济体制健康发展。

专题链接

义利观[①]

义利观，义者，“事之所宜也”，是某种特定的伦理规范，道德原则，是儒者们心中至高无上的道义。利者，“人之用曰利”，后世多指物质利益。如何看待二者的关系，便形成义利观。

关于义利观，不少儒家大师都曾有过相关的言论。例如孔子曾经说过，“君子喻于义，小人喻于利”(《论语·里仁》)。孟子也曾说，不义之利“不苟得”；大义面前连死都不怕，更不会贪利避祸。(《孟子·告子上》)

在中国传统美德中，正确的义利观占有很高的地位，是中国古代人民所推崇的做人经商的终极追求。在当代社会中，义利观常表现于商业中的重义轻利和重利轻义现象。良好的义利观，通常以重义轻利为基础，为社会普通群众创造价值，汲取较少的物质财富；而歪

① 引自 http://baike.baidu.com/link?url=cz3sNUCfbFZ4W2FRxjco。

曲的义利观，具体表现为拜金主义，甚至忽视道德，践踏诚信等。

2. 为人民服务是社会主义道德建设的核心

道德建设的核心，即道德建设的灵魂，它决定并体现着社会道德建设的根本性质和发展方向，规定并制约着道德领域中的种种道德现象。道德建设核心的问题，实质上是一个“为什么人服务”的问题。在改革开放和社会主义现代化建设的新时期，在发展和完善社会主义市场经济的条件下，在构建社会主义和谐社会的过程中，提出社会主义道德建设以为人民服务为核心，具有深刻的理论依据和坚实的实践基础。

为人民服务是社会主义经济基础和人际关系的客观要求。在社会主义初级阶段，我国实行的是公有制为主体、多种所有制经济共同发展的基本经济制度和按劳分配为主体、多种分配方式并存的分配制度。在我国社会主义基本经济制度的条件下，每个社会主义的劳动者和建设者都在为社会、为他人同时也是为自己劳动和工作。各行各业的劳动者和建设者，只是社会分工不同，没有高低贵贱之分。在以公有制为主体的经济基础上，在全体人民共同利益的基础上，在整个社会生产和生活的过程中，逐步形成了团结互助、平等友爱、共同进步的人际关系。在社会主义条件下，权利和义务不再分属于两个对立的阶级，而是统一于人民自己身上，每个人都是服务对象，又都为他人服务，全体人民通过社会分工和相互服务来实现共同利益。

为人民服务是社会主义市场经济健康发展的要求。在社会主义市场经济条件下，市场主体必须通过向社会和他人提供一定数量和质量的产品，建立满足社会和他人需求的良好信誉，即通过为社会和他人服务并为社会和他人所接受以实现自己的利益。换句话说，市场经济不仅不排斥为社会和他人服务，而且需要通过服务甚至是优质服务，才能实现市场主体自己的利益。这一点说明，为人民服务与市场经济并不是必然对立的。但是，不能把市场经济的利他性同为人民服务混为一谈。如果把各种有着不同内涵的利他性道德要求简单地等同于为人民服务，不仅在理论上是错误的，而且会在实践中造成混乱。笼统地讲市场经济要求为人民服务是不正确的。我们说社会主义市场经济的本质要求为人民服务，不仅在于人们在一切经济活动中应正确处理个人与社会、竞争与协作、效率与公平、先富与共富、经济效益与社会效益等关系，形成健康有序的经济和社会生活规范，更在于强调在国家的宏观调控和社会主义精神文明的引导、制约下，每个市场主体要有为人民服务的思想，更自觉、更积极、更规范地在自主的基础上为人民、为社会服务，要求市场主体把自身的特殊利益同国家和人民的共同利益结合起来。

为人民服务体现着社会主义道德建设的先进性要求和广泛性要求的统一。为人民服务，伟大而平凡，高尚而普通，它并非高不可攀、远不可及，而是可以通过不同层次、不同形式表现出来的。在社会主义初级阶段，对于不同利益群体和不同觉悟程度的人们，为人民服务的具体要求不可能是完全一样的，对于不同层次的人们应该有不同的要求。毫不利己、专门利人、无私奉献是为人民服务；顾全大局、先公后私、爱岗敬业、办事公道是为人民服务；同志间、师生间、同学间互相关心、互相爱护、互相帮助是为人民服务；热心公益、助人为乐、见义勇为、扶贫济困、帮残助残是为人民服务；遵纪守法、诚实劳动并获取正当的个人利益，同样也是为人民服务。事实证明，在我们的社会中，不论从事何种职业、处于何种岗位，也不论能力大小、职务高低，每个人都能够通过不同形式实践为人民服务的道德要求。

那种认为为人民服务只适于党员干部而不能推广到全体人民的看法是一种误解。要坚持以人为本，"以服务人民为荣、以背离人民为耻"，尊重人、理解人、关心人，发扬社会主义人道主义精神，为人民、为社会多做好事，形成体现社会主义优越性、促进社会主义市场经济健康有序发展的良好道德风尚。

总之，为人民服务作为社会主义道德建设的核心，是社会主义道德区别和优越于其他社会形态道德的显著标志。应当在给为人民服务的要求注入新的时代内涵的同时，在全社会大力弘扬为人民服务的精神，大力倡导和积极实践为人民服务的道德。

专题链接

李素丽：为人民服务没有终点站[①]

每一条公共汽车的线路都有终点站，但为人民服务没有终点站，我会永远用自己的真情和奉献同大家一起走向明天！——李素丽

李素丽，女，汉族，北京市公交总公司公汽一公司第一运营分公司21路公共汽车售票员，1962年出生，1987年入党。她自1981年参加工作以来，十几年如一日，在平凡的岗位上，把"全心全意为人民服务"作为自己的座右铭，真诚热情地为乘客服务，被誉为"老人的拐杖，盲人的眼睛，外地人的向导，病人的护士，群众的贴心人"。1996年被全国妇联授予"全国'三八'红旗手"。

21路公共汽车北起北京北站，南到北京西站，沿线10公里分布着14个车站。在这个平凡的岗位上，李素丽根据乘客的不同需求，给他们最需要的服务：老幼病残孕，怕摔怕磕怕碰，李素丽搀上扶下；"上班族"急着按时上班，李素丽尽量让他们上车；外地乘客容易上错车或坐过站，李素丽及时提醒他们；中小学生天性活泼，李素丽提醒他们车上维护公共秩序，车下注意交通安全。李素丽习惯在车厢里穿行售票，车里人多，一挤一身汗，可她说："辛苦我一个，方便众乘客。"李素丽售票台的抽屉里总是放着一个小棉垫，那是她为抱小孩的乘客准备的，有时车上人多，一时找不到座位，李素丽就拿出小棉垫垫在售票台上，让孩子坐在上面……10多年来，李素丽用自己日复一日的劳动给人们带来真诚的笑脸、热情的话语、周到的服务、细致的关怀，被人们誉为"盲人的眼睛、病人的护士、乘客的贴心人、老百姓的亲闺女"。

3. 集体主义是社会主义道德建设的原则

在社会主义道德体系中，集体主义原则是指导人们行为选择的主导性原则。这是社会主义经济、政治、文化建设的必然要求。生产资料公有制占主体地位的社会主义基本经济制度，为集体主义的实施创造了经济前提；以工人阶级为领导阶级、以共产党为执政党的人民当家做主的国体、政体，为集体主义的实施创造了政治前提；以马克思列宁主义、毛泽东

① 引自人民网 http://cpc.people.com.cn/GB/34136/2569261.html。

思想、邓小平理论、“三个代表”重要思想和科学发展观为指导的社会主义先进文化，为集体主义的实施创造了文化前提。总之，在社会主义社会，人民当家做主，国家利益、集体利益和个人利益根本上的一致性，使得集体主义应当而且能够在全社会范围内贯彻实施。长期以来，集体主义已经成为调节国家、集体和个人三者利益关系最重要的原则。发展社会主义市场经济，是同社会主义基本制度有机结合的，从这个意义上讲，集体主义不但与社会主义市场经济相契合，而且也正是发展和完善社会主义市场经济的客观要求。社会主义集体主义原则的根本思想，就是正确处理集体利益和个人利益的关系。

社会主义集体主义强调集体利益和个人利益的辩证统一。在社会主义社会中，国家利益、社会利益体现着个人根本的、长远的利益，是集体所有成员共同利益的统一。同时，每个人的正当利益，又都是集体利益不可分割的组成部分。集体的兴衰与个人利益得失息息相关。在现实生活中，集体利益和个人利益是相辅相成的。集体利益的发展，本身就包含着集体中每个人利益的增加。而集体中每个人利益的增加，同样有利于集体利益的扩大。

社会主义集体主义强调集体利益高于个人利益。在实际生活中，个人利益和集体利益难免会发生矛盾。这种矛盾，有的是可以缓和、化解的，有的则会发生或大或小的冲突。社会主义集体主义强调，在个人利益与集体利益发生矛盾冲突，尤其是发生激烈冲突的时候，必须坚持集体利益高于个人利益的原则，即个人应当以大局为重，使个人利益服从集体利益，在必要时，为集体利益而牺牲个人利益。集体主义要求个人为集体做出牺牲并不是任意的，只有在不牺牲个人利益就不能保全集体利益的情况下，才要求个人为集体利益而牺牲。社会主义集体主义之所以强调个人利益要服从集体利益，归根到底，既是为了维护集体的共同利益，也是为了维护个人的根本利益。

社会主义集体主义强调重视和保障个人的正当利益。社会主义集体主义促进和保障个人正当利益的实现，使个人的才能、价值得到充分的发挥。这不但与集体主义不矛盾，而且正是集体主义思想的应有之义。只有在集体中，个人才能获得全面发展，只有在集体中，才可能有个人自由。那种把集体主义看作是对“个人的压制”、是对“个性的束缚”的想法，是与集体主义的本意相违背的。事实上，正是集体主义为培养人的健全人格、鲜明个性和创新精神提供了道义保障。对于集体主义来说，只有个人的价值、尊严得到实现，个人的正当利益得到保证，集体才能有更强大的生命力和凝聚力。

在发展社会主义市场经济的条件下，在全面建设小康社会的进程中，依据我国经济生活和人们思想道德状况的实际，可将社会主义集体主义的道德要求具体分为三个层次：一是无私奉献、一心为公。这是集体主义的最高层次，是共产党员、先进分子应努力达到的道德目标。二是先公后私、先人后己。这是已经具有较高的社会主义道德觉悟的人们能够达到的道德目标。三是公私兼顾，不损公肥私。这是对我国公民最基本的道德要求。同学们应正确认识和处理国家、集体、个人的利益关系，提倡个人利益服从集体利益、局部利益服从整体利益、当前利益服从长远利益，反对小团体主义、本位主义和极端个人主义，把个人的理想与奋斗融入广大人民的共同理想和奋斗之中。集体主义就存在于并体现于人们的学习、工作和生活之中，人人都可以践行集体主义原则，都能够沿着道德层次的阶梯循序渐进地向更高道德境界攀登。

专题链接

载人航天英雄群体:壮志苍穹[1]

浩瀚星空中,他们让中国闪耀出最灿烂的光芒。广袤银河里,华夏儿女的飞天愿望不再是幻想。敢上苍穹揽月,不畏艰险启航,豪情问天,壮志报国,那一个个肃穆的军礼,是对祖国最庄严的承诺!

2013年2月10日晚,2013年度"感动中国"人物颁奖盛典在北京举行。中国载人航天英雄集体获2013年度感动中国年度致敬群体奖,首飞航天员杨利伟、神舟六号航天员费俊龙、聂海胜(神舟十号)、神舟七号航天员翟志刚、刘伯明、景海鹏(神舟九号)、神舟九号航天员刘旺、神舟十号航天员张晓光、王亚平出席颁奖盛典。

首飞航天员杨利伟作为航天英雄的代表接受"感动中国"的敬意并致辞,杨利伟说:"感谢全国人民的关怀和鼓励,中国载人航天科技界将再接再厉,以坚定的理想信念,强烈的责任担当,在太空中展示中国人敢上九天揽月的豪情壮志,实现中国的航天梦。请祖国和人民放心。"最后,全体航天英雄代表以庄重的军礼感谢全国人民对中国载人航天事业的关怀和支持。

2013年是中国载人航天实现载人首飞10周年的光辉节点。从2003年到2013年,中国载人航天走过了十年路程,伴随着一次又一次的起飞,中国人在太空中行走得越来越远,而我们离梦想却越来越近。"年度致敬群体"的殊荣被颁给了"敢上九天揽月"的中国航天人,向载人航天英雄群体致敬!

4. 宣传和弘扬共产主义道德

现阶段,在弘扬社会主义道德的同时,还要继续宣传和弘扬共产主义道德。邓小平指出:"没有共产主义思想,没有共产主义道德,怎么能建设社会主义?党和政府愈是实行各项经济改革和对外开放的政策,党员尤其是党的高级负责干部,就愈要高度重视、愈要身体力行共产主义思想和共产主义道德。"[2]社会主义道德和共产主义道德在本质上是同一类型的道德,社会主义道德是共产主义道德在现阶段的具体体现。社会主义初级阶段的道德建设,不仅要适应现阶段经济关系的需要,而且要引导人们向更高的道德目标前进。

共产主义道德不仅是人类的道德理想,而且深深植根于中国革命的历史实践和中国特色社会主义的实践中,表现为大公无私、公而忘私,毫不利己、专门利人,艰苦奋斗、无私奉献,全心全意为人民服务。中国共产党历来高度重视弘扬共产主义道德,并根据不同历史时期所处的不同环境和任务的要求,开展共产主义道德的宣传和教育,使之成为广大党员干部的强大动力和精神支柱。在长期革命、建设和改革的实践中,在发展社会主义市场经济的条件下,不断涌现出许多具有共产主义思想道德的先进人物,而且,对这些先进人物的

① 引自 http://www.tfi.cn/t21316-1-1.htm。

② 邓小平:《邓小平文选(第二卷)》,人民出版社1994年版,第367页。

广泛宣传和深入学习，已经在全社会产生了很好的效果。

一个社会道德风尚的转变和人们道德素质的提高，总是由先进分子倡导，影响到一般民众。社会主义初级阶段的道德建设，要把先进性要求与广泛性要求结合起来。离开现实的道德状况，只谈共产主义道德的崇高理想，就会脱离实际；忘记共产主义道德的远大理想，只谈道德的基本要求和最低要求，就会失去前进的方向。要照顾到广大人民群众的实际的思想、文化、教育和道德水平，要考虑到我国社会主义初级阶段的人际关系的现实要求等，区分层次，着眼多数，鼓励先进，循序渐进，引导人们在遵守基本道德行为准则的基础上，不断追求更高层次的道德目标。

专题链接

马克思：青年在选择职业时的考虑（节选）[①]

一个选择了自己所珍视的职业的人，一想到他可能不称职时就会战战兢兢——这种人单是因为他在社会上所居地位是高尚的，他也就会使自己的行为保持高尚。

在选择职业时，我们应该遵循的主要指针是人类的幸福和我们自身的完美。不应认为，这两种利益是敌对的，互相冲突的，一种利益必须消灭另一种的；人类的天性本身就是这样的：人们只有为同时代人的完美、为他们的幸福而工作，才能使自己也过得完美。

如果一个人只为自己劳动，他也许能够成为著名的学者、大哲人、卓越诗人，然而他永远不能成为完美无疵的伟大人物。

历史承认那些为共同目标劳动因而自己变得高尚的人是伟大人物；经验赞美那些为大多数人带来幸福的人是最幸福的人；宗教本身也教诲我们，人人敬仰的理想人物，就曾为人类牺牲了自己——有谁敢否定这类教诲呢？

如果我们选择了最能为人类福利而劳动的职业，那么，重担就不能把我们压倒，因为这是为大家而献身；那时我们所感到的就不是可怜的、有限的、自私的乐趣，我们的幸福将属于千百万人，我们的事业将默默地、但是永恒发挥作用地存在下去，面对我们的骨灰，高尚的人们将洒下热泪。

四、恪守公民基本道德规范

2001年中共中央印发的《公民道德建设实施纲要》（以下简称《纲要》），第一次系统明确地提出“爱国守法、明礼诚信、团结友善、勤俭自强、敬业奉献”的公民基本道德规范。同学们掌握并践行公民基本道德规范，加强诚信道德建设，增强道德修养的自觉性，是提高自身道德素质、锤炼道德品质的重要途径。

① 引自 http://www.5156edu.com/page/09-07-17/47830.html。

1. 我国公民基本道德规范

公民道德是一个国家的公民应当遵守的最基本的道德规范和道德要求。大力倡导公民基本道德规范，对我国社会的思想道德建设具有重要的意义。

（1）公民基本道德规范的提出及其意义

公民基本道德规范的提出，体现了对社会主义道德建设规律的深刻把握。道德规范是人们判别善与恶、道德与不道德的基本尺度，也是人们在行为选择中应当怎样做和不应当怎样做的基本标准。历史和现实表明，道德在一个社会中的作用大小，往往取决于作为主干的基本道德规范在社会成员中的知晓度、信奉度和践行度。《纲要》概括、提炼出的基本道德规范，目的就在于使每一个公民对这些规范耳熟能详，身体力行。这在我国道德建设的历史进程中具有标志性意义，表明我们党和国家在对我国社会道德建设包括公民道德建设的基本规律的把握上达到了一个新的高度。

公民基本道德规范的提出，体现了历史传统与时代精神的有机结合。公民基本道德规范，既是对中国优良道德传统和中国革命道德传统的继承与弘扬，又体现了新的时代条件下对道德建设的新要求。比如，"守法"在以往不是作为明确的道德规范来界定的，《纲要》把"守法"确定为公民基本道德规范的重要内容，体现了道德要求和法律要求的有机统一。

公民基本道德规范的提出，体现了对社会主义道德体系内容的丰富和拓展。公民基本道德规范既是从最基础、最重要的道德规范方面，对已有的社会主义道德体系的具体化，与已有的社会主义道德体系形成了一个有机的整体，同时又从公民道德建设方面，对已有的社会主义道德体系内容进行了新的扩展和完善。这是我国在道德建设方面取得的新的进展和新的成果。公民基本道德规范通俗易懂、简明易行，有利于公民道德的具体实践，有利于提高公民的道德素质。

（2）公民基本道德规范的主要内容

深入认识和理解公民基本道德规范，既要考察它们的历史源流，也要结合现实生活特别是改革开放和社会主义市场经济的实际，赋予其新的时代内涵。在我国当前的社会生活中，"爱国守法"，强调公民应培养高尚的爱国主义精神，自觉学法、懂法、用法、守法和护法；"明礼诚信"，强调公民应文明礼貌、诚实守信、诚恳待人；"团结友善"，强调公民之间应和睦友好、互相帮助、与人友善；"勤俭自强"，强调公民应努力工作、勤俭节约、积极进取；"敬业奉献"，强调公民应忠于职守、克己奉公、服务社会。在公民道德实践中，各项公民基本道德规范的功能和作用是互相渗透、交叉并行的。

公民基本道德规范涵盖了社会生活的各个领域，适用于不同的社会群体；公民道德建设是社会系统工程，需要各方面的共同努力。作为社会的一员，我们每一个人都应该做自觉遵守公民基本道德规范的模范。我们既是道德建设成果的受益者，更应成为道德建设的参与者。

同学们应在三个重要环节上加强公民道德建设的实践：一是在思想上和心理上对公民基本道德规范产生认知和认同，全面掌握其内容和要求；二是把公民基本道德规范作为行为标准，正确进行道德判断和道德选择；三是积极践行公民基本道德规范，使自己的思想感情得到陶冶，精神生活得到充实，道德境界得到提高。

(3) 诚实守信是公民道德建设的重点

《纲要》不仅在公民基本道德规范中提出“诚信”，而且在职业道德要求中，再次强调了“诚实守信”的重要性。公民道德建设以诚实守信为重点，既是对中华民族传统美德的弘扬，又是对当代中国道德建设实践的正确反映。

诚实就是真实无欺，既不自欺，也不欺人；守信就是重诺言，讲信誉，守信用。诚实和守信是统一的。就个人而言，诚实守信是高尚的人格力量；就单位而言，诚实守信是宝贵的无形资产；就社会而言，诚实守信是正常秩序的基本保证；就国家而言，诚实守信是良好的国际形象。

诚实守信是中华民族的传统美德。在我国传统道德中，诚实守信被看作“立身之本”“举政之本”“进德修业之本”，孔子甚至认为可以“去兵”“去食”，而不可以无信。尽管世事更替、时代变迁，中华民族讲究诚信的精神始终延续不断。

在发展社会主义市场经济、构建社会主义和谐社会的过程中，更加需要大力倡导诚实守信的美德。首先，诚实守信是市场经济条件下经济活动的一项基本道德准则。市场经济是讲究信用的经济，我国实行的是社会主义市场经济，更要注意发挥包括诚信在内的社会主义道德对推动社会主义市场经济健康发展的巨大作用。市场经济越发达，对诚实守信的道德要求就越高。其次，诚实守信是职业道德的一项基本要求。它要求各行各业的从业人员在自己的工作岗位上，都要诚实劳动、实事求是，杜绝弄虚作假、虚报浮夸现象。最后，诚实守信是做人的一项基本道德准则。它要求人们为人诚恳，待人诚实，做事实在，追求信誉等。诚信既是一个人安身立命、为人处世应当遵循的基本准则，也是一个社会维持正常秩序和有效运行的必然要求。实践证明，把诚信建设作为公民道德建设的重点来抓，能够带动和促进整个公民道德建设取得实际效果和实质进展。

(4) 个人发展与诚信道德

一个人的诚信意识、诚信行为、诚信品质如何，关系到良好社会风尚的形成、社会主义和谐社会的构建，并在一定意义上关系着中华民族的未来。同学们要肩负起全面建设小康社会和社会主义现代化建设的历史使命，就必须自觉加强诚信道德建设，把诚信作为高尚的人生追求、优良的行为品质、立身处世的根本准则。

诚信是个人树立理想信念的基础。一个没有良好诚信品德的人，不可能有坚定的理想信念。一个在平时不讲诚信的人，在关键时刻不可能为崇高的理想信念做出牺牲。同学们只有养成诚实守信的道德品质，才能真正忠诚于国家和民族的事业，牢固确立在中国共产党领导下走中国特色社会主义道路、为实现中华民族伟大复兴终生奋斗的理想信念。

诚信是个人全面发展的前提。我们每个人只有以诚实守信为重点，加强思想道德修养，讲诚信、讲道德，言必信、行必果，诚心做事、诚实做人，言行一致、表里如一，自觉端正态度，坚守道德规范，才能不断提高思想道德素质、科学文化素质和健康素质，实现真正的全面发展。

诚信是个人进入社会的通行证。社会主义市场经济的正常运行需要每个人诚实守信、遵守契约。民主法制建设需要社会成员遵纪守法、相互信任。同学们只有树立诚信为本、操守为重的信用意识和道德观念，“以诚实守信为荣、以见利忘义为耻”，努力培养诚实守信的优良品质，奠定立足现代社会的道德基石，才能成为高素质的人才，承担起社会责任和历史使命。

从总体上看，当前社会的诚信状况是好的，但在少数个人身上也出现了诚信缺失的现象。这种现象的出现，既有社会的、学校的、家庭的等各种因素的影响，也有个人自身的原因，如浮躁心态，对他人、对社会的责任意识淡薄，是非辨别能力较差等。有些人对诚实、正直、守信、履约等诚信道德的基本范畴在内心是认同的，但当关系到自己的个人利益或所谓的"关键时刻"，如考试、评奖、毕业、求职等，便放松对自己的要求，使知与行相背离，坚守诚信的道德意志力不强。这些问题，应该引起同学们的高度重视，并在诚信道德建设的实践中自觉加以抵制和改进。

专题链接

没有信誉就没有生存①

说是有一名我们在德国的留学生，毕业时成绩优异得很，但在德国四处求职时，被很多家大公司拒绝，选了一家小公司去求职，没想到仍然被拒。德国佬给留学生看了一份记录，记录他乘坐公共汽车曾经被抓住过 3 次逃票。

讲述这件事的是一位知名学者，他说，德国抽查逃票一般被查到的概率是万分之三，这位高才生居然被抓住 3 次逃票，在严肃严谨的德国人看来，大概是永远不可饶恕的。当初听见这件事时，只是想我们这位留学生不该贪小失大。直到最近，不断听人说起，似乎才明白了德国人为什么把那件逃票的小事看得那么重要：一个人在三毛两角的蝇头小利上都靠不住，你还能指望在别的事情上可以信赖他吗？

其实，一个成熟的社会，一个有力量的社会，不但要考虑每一个人，而且还要为他们建立必要档案，而且能够向有关方面证实你的可信度。这样，银行才可以借钱给你，商人才敢和你做生意，别人才能与你合作，公司才好聘用你，当然你也可以分期付款购物……只要有证据表明你是一个信誉良好的人，信誉就是你的通行证，你就可以受人尊敬地通行于这个文明社会。

只有当这个社会不但有舆论，而且有能力惩治那些没有信誉的人时，这个社会才是健全的。

2. 树立和践行社会主义荣辱观

在社会主义市场经济条件下，坚持以为人民服务为核心、以集体主义为原则、恪守公民基本道德规范，进一步加强社会主义思想道德建设，就必须树立和践行社会主义荣辱观，推动和谐文化建设，巩固社会和谐的思想道德基础。社会主义荣辱观是社会主义核心价值体系的重要组成部分，是当代中国社会最基本的价值取向和行为评价标准，对于同学们的成

① 引自 http://www.edudo.com/50316。

长成才和培育文明道德风尚具有重要的规范、激励和指导作用。

（1）社会主义荣辱观的科学内涵

“荣”与“辱”是一对基本道德范畴，“荣”即荣誉，“辱”即耻辱，两者相比较而存在，相斗争而发展。荣誉是指社会对个人履行社会义务所给予的褒扬与赞许，以及个人所产生的自我肯定性心理体验；耻辱是指社会对个人不履行社会义务所给予的贬斥与谴责，以及个人所产生的自我否定性心理体验。荣辱观是人们对荣辱问题的根本看法和态度，是一定社会思想道德原则、规范的体现和表达。荣辱观具有时代性和阶级性，不同时代、不同阶级、不同利益集团都有自己的荣辱观。荣辱观对个人的思想行为具有鲜明的动力、导向和调节作用。正确的荣辱观，可以引导人们明辨是非、善恶、美丑，形成正确的自我评价，树立正确的行为导向，产生正确的价值激励，推进自身全面发展和社会全面进步。

中国共产党人历来重视社会主义荣辱观教育。毛泽东要求共产党员无论何时何地都不应把个人利益放在第一位，个人利益要服从民族的和人民群众的利益。他认为自私自利、消极怠工、贪污腐化、风头主义等是最可鄙的，而大公无私、积极努力、克己奉公、埋头苦干的精神才是最可尊敬的。邓小平提出中国人民应该以热爱祖国、贡献全部力量建设社会主义祖国为最大光荣，以损害社会主义祖国利益、尊严和荣誉为最大耻辱。在新的历史条件下，广大青少年要坚持“以热爱祖国为荣、以危害祖国为耻，以服务人民为荣、以背离人民为耻，以崇尚科学为荣、以愚昧无知为耻，以辛勤劳动为荣、以好逸恶劳为耻，以团结互助为荣、以损人利己为耻，以诚实守信为荣、以见利忘义为耻，以遵纪守法为荣、以违法乱纪为耻，以艰苦奋斗为荣、以骄奢淫逸为耻”。社会主义荣辱观对于加强社会主义思想道德建设，形成良好社会风尚，提高公民文明素质和社会文明程度，具有重大的现实意义和深远的历史意义。

“以热爱祖国为荣、以危害祖国为耻”，就要坚持祖国利益高于一切，时刻心系国家前途命运，增强民族自尊心、自信心和自豪感，倍加珍惜国家安定团结的良好局面，以热爱祖国、报效祖国为最大光荣，抵制和反对损害社会主义祖国和民族的荣誉、尊严和利益的思想和行为。

“以服务人民为荣、以背离人民为耻”，就要树立为人民服务的人生目的，自觉履行社会责任，心系人民、关爱他人、扶贫帮困、热心公益，通过各种形式为人民多做好事、为社会多作贡献，抵制和反对违背人民利益和愿望的思想和行为。

“以崇尚科学为荣、以愚昧无知为耻”，就要在全社会大力弘扬科学精神，普及科学知识，树立科学思想，提倡科学方法，做到爱科学、学科学、讲科学、用科学，自觉反对愚昧、反对迷信、反对伪科学，养成科学、文明、健康的生活方式，用科学的力量促进经济发展和社会进步。

“以辛勤劳动为荣、以好逸恶劳为耻”，就要在全社会形成劳动光荣、创造伟大的价值取向，树立正确的劳动态度，继承和发扬中华民族勤勉敬业的精神和品德，用自己的辛勤劳动创造幸福生活，实现人生理想，抵制和反对一切好逸恶劳、不劳而获的思想和行为。

“以团结互助为荣、以损人利己为耻”，就要大力倡导有利于民族团结、社会进步、人民幸福的思想和精神，在日常生活中做到团结友善、互帮互助、和睦相处，在危难关头做到一方有难、八方支援、和衷共济，抵制和反对一切以自我为中心、以私利为中心、损害他人、危害社会的思想和行为。

"以诚实守信为荣、以见利忘义为耻"，就要将诚实守信作为自己的行为准则，作为立身之本、成事之基，在学校生活、家庭生活、职业生活、社会生活中自觉做到以诚相待、重信守诺、有约必践，共同营造守信光荣、失信可耻的社会氛围，抵制和反对唯利是图、弄虚作假、背信弃义、不讲信誉、尔虞我诈等思想和行为。

"以遵纪守法为荣、以违法乱纪为耻"，就要自觉增强法律意识和纪律意识，自觉遵守法律，自觉遵守纪律，正确行使法律赋予的权利，自觉履行法律规定的义务，依法维护国家利益、集体利益和自身利益，抵制和反对无视法律权威、轻视纪律规章、违法犯法、破坏纪律的思想和行为。

"以艰苦奋斗为荣、以骄奢淫逸为耻"，就要深刻认识社会主义现代化建设的长期性、艰巨性，始终保持艰苦朴素、克勤克俭的精神，始终保持坚韧不拔、顽强拼搏的精神，始终保持奋发进取、勇往直前的精神，抵制和反对不思进取、得过且过、贪图享乐、奢侈浮华、铺张浪费等思想和行为。

社会主义荣辱观，贯穿社会生活各个领域，涵盖个人、集体、国家三者关系，是对社会主义思想道德体系全面系统、准确通俗的表达，为全体社会成员判断行为得失、做出道德选择提供了价值标准；体现了中华民族传统美德、优秀革命道德与时代精神的有机融合，应当成为全体社会成员普遍遵循的基本行为规范。社会主义荣辱观作为社会主义核心价值体系的重要组成部分，已经成为并将继续成为引领社会风尚的一面旗帜。

(2) 社会主义荣辱观体现了社会主义道德建设的客观要求

社会主义荣辱观反映了社会主义道德的本质要求。道德是经济基础和现实生活的反映，而不是脱离历史发展的抽象观念。社会主义道德是社会主义经济基础和现实生活的反映。我国还处于并将长期处于社会主义初级阶段，多种所有制经济并存、多种分配方式并存，对外开放深入发展，人们的道德意识和价值取向越来越呈现出多样性和层次性，与此相适应，需要确立全社会人人皆知、普遍奉行的价值准则和道德规范，引领人们做出正确的道德选择。以"八荣八耻"为主要内容的社会主义荣辱观，继承了中国共产党对社会主义道德规范的认识成果，用许多新思想、新认识丰富和发展了社会主义道德的内容，对社会主义道德体系做了全面系统、准确通俗的表达，是人们选择行为、评价善恶的普遍标准，也是衡量社会道德与精神文明发展水平的重要标尺。

社会主义荣辱观指明了社会主义道德建设的方向。以"八荣八耻"为主要内容的社会主义荣辱观，明确了我国在发展社会主义市场经济条件下的基本价值取向、道德规范和行为准则，是对与社会主义市场经济相适应、与社会主义法律规范相协调、与中华民族传统美德相承接的社会主义道德要求的系统总结，是促进社会主义市场经济健康发展的重要保障，在社会主义道德建设过程中起着重要的行为规范和价值导向作用。引导人们树立社会主义荣辱观就牢牢把握了社会主义道德建设的方向和目的。

社会主义荣辱观是引领社会风尚的一面旗帜。社会风尚主要指一个时期、一定范围内，人们自觉或不自觉地遵循的价值取向、心理习惯和行为方式。社会风尚同荣辱观紧密相连，互相影响、互相作用。一个社会有什么样的荣辱观，也必然有什么样的社会风尚；反过来，一个社会有什么样的社会风尚，生活于其中的人们也就可能形成什么样的荣辱观。以"八荣八耻"为主要内容的社会主义荣辱观，把中华民族的传统美德、中国共产党领导人民在长期奋斗中形成的革命道德同社会主义新时代的道德要求紧密结合起来，提炼和概括出八个方面最基本的道德规范，具有广泛的适用性和包容性，具有强大的整合力和引领力。要坚持用社会主义荣辱观引领社会风尚，深入推进社会公德、职业道德、家庭美德、个人品德建设，加强对青少年的德育培养，在全社会形成积极向上的精神追求和健康文明的生活方式。

（3）践行社会主义荣辱观

践行社会主义荣辱观能够增强人们的道德荣誉感和道德判断力。荣与耻对比鲜明，只有知荣辱、辨善恶，一个人才能形成正确的价值判断，一个社会也才能形成良好的道德风尚。树立和践行社会主义荣辱观，既要明确何谓光荣，更要明确何谓耻辱。既要让人见荣知荣，更要让人见耻知耻。要把荣誉教育和耻感教育结合起来，在全社会形成褒扬真善美、贬斥假恶丑的鲜明导向和浓厚氛围，使人们自觉进行自我反省、自我批判、自我激励，更加注重自我教育、自我约束、自我提高，努力提升道德境界。

践行社会主义荣辱观对我们每个人的成长成才会产生重要的影响。道德规范只有内化为人们的道德修养，转化为人们的道德实践，才能成为改变社会风气的强大力量。同学们应深入领会树立和践行社会主义荣辱观的重大意义和深刻内涵，准确把握“八荣八耻”的基本要求，坚持知与行的统一，坚持自律与他律的统一，坚持知荣与明耻的统一，以“八荣八耻”为座右铭，时时处处对照检查自己的言行举止，自省自警、自珍自爱，知荣求善、知耻改过。经过反复的实践和逐步的养成，将社会主义荣辱观转化为自己内在的道德品质和行为习惯，成为自己生存发展的内在需要和为人处世的基本准则，在为家庭谋幸福、为他人送温暖、为社会做贡献的过程中，体验光荣、领悟崇高。

践行社会主义荣辱观，能够使社会成员自觉内化社会主义道德要求，强化道德自律意识，坚定道德意志和信念，明荣知耻、扬荣弃耻、提升人格、敦化风气，推动维系社会和谐的人际关系和道德风尚的形成。所以，应当把践行社会主义荣辱观贯彻到社会主义思想道德建设的全过程，融入公民道德建设和社会公德、职业道德、家庭美德、个人品德教育的各个方面，把社会主义荣辱观贯穿到市民公约、乡规民约、职业规范、学生守则等具体行为准则之中，拓展各类道德实践活动，大力倡导爱国、敬业、诚信、友善等道德规范，在全社会形成男女平等、尊老爱幼、扶贫济困、扶弱助残、礼让宽容的人际关系，形成知荣辱、讲正气、做奉献、促和谐的良好风尚。

专题链接

荣辱观的思想渊源[①]

“荣”和“辱”作为一对道德范畴，自从人类物质生产活动和文化精神活动之始便紧紧伴随着人类。荣辱是荣誉和耻辱的合称。“荣”即荣誉，是社会对个人行为的褒扬与嘉许，体现了社会对个人的积极评价。“辱”即耻辱，是社会对个人行为的贬抑与嘲弄，体现了社会

① 引自新华网 http://www.jgzyw.com/shehuibolan/dangdejianshe/dangkezongjie/87/12_2.html。

对个人或社会外部对社会内部的精神打击。从这个意义上可以说，荣誉，是指人在履行了社会义务之后所得到的道德上的褒奖和赞许；耻辱，是社会和自我对不道德行为的贬斥和否定。

在中国历史上，“知耻”与“无耻”始终是评判行为好坏的道德标准，寡廉鲜耻被看作道德沦丧、世风衰微的明显标志。《尚书·说命下》中已有“其心愧耻”一词。《礼记》曰：“物耻足以振之；国耻足以兴之。”《孟子·尽心上》有“人不可以无耻”的训导。孟子将“仁”视为荣辱的试金石，认为“仁则荣，不仁则辱”（《孟子·公孙丑上》）。《左传·昭公五年》有“耻匹夫，不无务，况耻国乎”之语。中国古代的思想家们之所以特别强调“耻”的重要性，是因为他们深刻地认识到，“知耻”是道德人格的基础，是维护人的自尊的重要条件，因而也是淳化风气的重要条件。

荣誉代表着社会舆论或公共权威对某个人或集体的行为所赋予的精神价值。它既可以通过奖品、奖金、奖状、奖章来体现，也可以通过勋章、头衔、封号、谥号和称号来体现，还可以通过社会舆论的赞扬来体现。与荣誉不同的是，耻辱是人的自我价值感遭到损害或人的自尊受到打击时产生的情感。中国无数的仁人志士之所以不断倡导“教耻为先”，是因为他们懂得“知耻振邦”的道理，忍辱负重、卧薪尝胆莫不是因为“耻”在起作用。马克思甚至指出：耻辱是内向的愤怒。如果整个国家真正感到了耻辱，那它就会像一只蜷伏下来的狮子准备向前扑去。也是出于同样的原因，龚自珍反复强调一个社会要兴民风、厚德泽，就必须“养人之廉”“去人之耻”，要“催助天下廉耻”。

五、努力提高个人道德修养

加强个人的道德修养，是提高我们每个人的综合素质、养成高尚的道德情操、达到理想的道德境界的必由之路。努力提高个人道德修养，既要加强个人道德修养的自觉性，采取正确有效的道德修养方法，也要自觉地向道德模范学习。

1. 加强个人道德修养的自觉性

个人在道德意识、道德行为方面，自觉地按照一定社会或阶级的道德要求所进行的自我审度、自我教育、自我锻炼、自我改造和自我完善的活动，称为道德修养。道德修养体现在一个人的世界观、人生观、价值观上，体现在一个人的工作、生活和社会交往上，体现在一个人的一言一行上。

现实社会中总是存在着两种或多种对立道德体系或观念的冲突和斗争，这些冲突和斗争必然会反映到人们的内心世界。道德修养的实质，就是在这些善恶观念的冲突中，自己跟自己“打官司”，自己既做“原告”又做“被告”，在自己的头脑中进行不同道德观念之间的选择。道德修养有助于正确解决社会道德要求与个人选择能力和践行能力之间的矛盾，解决自己内在思想品质中新旧道德因素之间的矛盾。培养高尚的道德品质和道德情操，是适应社会进步和个人完善的需要。

高度的自觉性是道德修养的一个内在要求和重要特征。同学们要努力按以下要求来提高道德修养的自觉性：首先，应有进行道德修养的强烈动机，这样才能满腔热情地、自觉自愿地去学习、去思考、去体验，从而提升道德修养的境界；其次，应积极主动地进行自我教育、自我启发、自我激励，坚韧不拔、脚踏实地、持之以恒地进行道德修养；最后，应正确地认识和评价自己，发扬成绩，克服不足。

专题链接

艾森豪威尔：母亲教他打好手中牌[1]

艾森豪威尔，第二次世界大战期间欧洲盟军的最高统帅、五星上将、美国总统。他出生在纽约市北 80 公里的西点镇。美国著名的西点军校就坐落在这里。艾森豪威尔是西点军校的优秀学生。

艾森豪威尔的祖先是德国移民，父母都是得克萨斯州的普通劳动者。他一家人自食其力，乐于助人，在小镇上很受居民的尊敬。父母亲对孩子管教很严，教育他们热爱劳动，反对好逸恶劳。

一天晚饭后，艾森豪威尔跟家人玩纸牌游戏，一连几次都抓了很差的牌，他很不高兴还抱怨。母亲正色对他说："如果你要玩，就必须用你手中的牌玩下去，不管牌怎么样！"母亲接着更加认真地说："人生也是如此，发牌是偶然的结果，不管怎样的牌你都必须拿着。你能做的就是尽你全力，求得最好的结果。"

从此以后，艾森豪威尔一直记住母亲的这些话，不管生活多么艰苦、学习训练多么困难、战争多么残酷和不幸，从不怨这怨那，总是以积极乐观的态度去迎接命运的每一次挑战，尽力做好每一件事，打好手中每一张牌。正是如此，他才从一个普通平民家庭走出，一步步踏上美国总统的台阶。

每个人都好似一个木偶，身后有一根无形的线在遥控着你。不能主宰命运的时候就得认命，学会在新的环境中逐步适应环境，改造环境，然后才是主宰自己、活出自己。大学生朋友们，那山不比这山高，你们每人都是一座山、一座很高的山！

2. 采取积极有效的道德修养方法

个人加强道德修养，还应借鉴历史上思想家们所提出的各种积极有效的道德修养方法，并结合当今社会发展的需要和当代人道德修养的实践经验，采取一些行之有效的方法。

其一，学思并重的方法，即通过虚心学习，善于思索，辨别善恶，学善戒恶，以涵养良好的德行。

其二，省察克治的方法，即通过反省检验以发现和找出自己思想与行为中的不良倾向和坏的念头，并及时加以抑制和克服。

其三，慎独自律的方法，即在无人知晓、没有外在监督的情况下，坚守自己的道德信念，

① 引自新浪网 http://blog.sina.com.cn/s/blog_4ef6dac001000anw.html。

自觉按道德要求行事，不因为无人监督而恣意妄为。

其四，积善成德的方法，即通过积累“善行”或“美德”，使之巩固强化，以逐渐凝结成优良的品德。

其五，知行统一的方法，即把提高道德认识与躬行道德实践统一起来，以促进道德要求内化为自己的道德品质，外化为实际的道德行为。

同学们如果按照这些方法去进行道德修养，并长期坚持下去，就能使自己不断进步、不断完善，从而达到较高的道德境界，成为品德高尚的人。

专题链接

该谁道歉[①]

我在国内很少骑自行车，到日本留学后便买了一辆，天天骑着上学，感觉既省了车费，又锻炼了身体。日本的自行车道是和人行道在一起的。刚会骑自行车时，一次，我看到前面有个白发苍苍的老太太在走路，手一哆嗦，车子就直奔过去了，结果老太太倒在了地上，我连人带车也都摔倒了。我心想这回完了，非被人家赖上不可。可令我没有想到的是，老太太麻利地爬了起来，连连给我鞠躬：“对不起，我耽误你行路了。”她的举动反而把我弄得目瞪口呆。

另外一件事也是跟骑自行车有关。那次，在拐弯时，我撞到了一辆直行的面包车上，把人家的车门都给撞了一个大坑。司机从车上下来，先奔过来问我：“你没事吧？”得知我并无大碍后，他才回去检查自己的车门，然后给我鞠了个躬，说：“对不起！如果你觉得有什么不适，请按我的联系方式找我。”说着递给我一张名片，这都把我给搞糊涂了，到底应该谁向谁道歉啊！

不过，现在我也学会了。其实，道歉就是站在对方的角度去想问题，它会使许多复杂的问题一下子变得简单和温和。

3. 自觉向道德楷模学习

加强个人品德修养要特别注意自觉向现实生活中的道德模范学习。道德模范是自觉践行社会道德要求的典范，反映了社会发展进步的时代精神。一个道德模范，就是社会上树立的一个标杆、一面旗帜，就是在群众中提倡的一种导向、一种追求。模范人物以自身的道德行为，真实、具体地再现了优秀的道德品质，给人以鲜活、直观的印象，深化了人们对道德力量的理解与认同，构成了个体在道德实践过程中的标准与参照。榜样的力量是无穷的，道德模范的典型形象能够带给人以极大的精神鼓舞与心理感染，对社会良好风尚的形成起着重要的推动作用。

在中国革命和社会主义建设的过程中，无数模范人物以自己高尚的品德和先进事迹鼓

① 引自 http://www.zxxk.com/feature/wqzl/Info.aspx?InfoID=11470。

舞、鞭策了一代又一代人。改革开放以来，各个地区、各行各业、各类人群都涌现出一大批具有时代特征的先进模范人物。他们有的用自己的平凡举动扶贫助困，让许多人感受到社会大家庭的温暖，用爱和付出奏响了社会和谐的主旋律；有的在死神和灾害面前大义凛然、知险而上，把平安和生机留给他人，用鲜血和生命将灾难和危机化解，展现出了人民至上、他人至上的英雄壮举；有的把困苦留给自己，把幸福送给他人，无怨无悔，彰显了中华文明代代相传的高尚品格。他们的事迹虽然不同，但都以自己坚定的理想信念、崇高的精神境界和高尚的道德情操，诠释了我们社会的主流价值，以对亲人的爱、对国家的忠、对事业的诚来践行和见证生生不息、薪火相传的伟大中华文明，弘扬中华民族的传统美德和中国革命道德传统，印证社会主义道德的丰富内涵，体现改革开放的时代风范。

同学们应当在进行道德修养中自觉开展学习道德榜样的活动，将道德模范人物作为自己心目中的偶像、成长道路上的良师、追求全面发展的榜样。

专题链接

刘盛兰：高龄老人拾荒助学子①

刘盛兰，男，91岁，山东省烟台市蚕庄镇柳杭村村民，“五保”老人。

刘盛兰是位普通村民，年轻时在外打工，后来在一家企业当保管员。73岁的时候，刘盛兰的老伴去世，他成了孤寡老人。为了让自己在无力行动时，身边会有一个照顾他的人，他开始捐资助学。这是老人的初衷。但后来，他助学的规模远远超出了自己的想象。

1998年，刘盛兰在报纸上看到了一则救助报道，从那时起，73岁的他就将自己微薄的工资捐出去。而受捐助的学生，也逐渐从周边几个地市“扩张”到全国各地。最多的时候，他同时资助着50多名学生。

每天清早，刘盛兰起来弄点简单的饭菜，就骑着自行车走村串巷去了，直到捡回一大堆破烂。他17年几乎未尝肉味，没添过一件新衣，“吝啬”地连一个馒头都舍不得买，可捐资助学总计7万多元，资助了100多个学生。刘盛兰一直没进养老院，这样能拿到每年4 000元的生活补贴。而他把这些钱全部捐给了贫困学生。

刘盛兰唯一珍藏的是一个深蓝色布袋，里面装满了汇款单和回信。这么多年过去了，老人也不记得汇出去多少钱、收了多少封信。2013年8月，因为肾病，刘盛兰住进了医院，但他仍然没有忘记捐资助学，担心汇款中断或没到位会断了孩子们读书的希望。得知老人住院，很多受资助的孩子争相回来看望他，照顾他。

4. 积极参与社会实践

道德修养并不是脱离实际的闭门思过，而是与社会实践相联系的个体道德上的自我反省和自我升华。与社会实践相联系，是进行道德修养的根本途径。因此，道德修养要与道

---

① 引自 http://www.zhlzw.com/lz/dy/805862.html。

德主体改造客观世界和主观世界的实践活动相联系，与道德主体具体的道德行为相联系，与道德主体的全部道德实践过程相联系。不参加社会实践，就不可能培养出优良的道德品质和高尚的道德人格。

同学们应当积极参加社会实践，一是要主动进行社会调查，了解社会，认识社会，正确地看待社会；二是要积极参与各种公益活动、生产劳动、发明创造等社会实践，不断陶冶道德情操，提升道德境界，为适应社会的需要创造条件。

专题链接

难以割舍第二“家园”①

2011年，当潘秉升坐着大巴车来到蒙山县时，他还是一个操着广东腔普通话的大学毕业生。而今天，在小潘即将离任西部志愿者这个岗位时，他已经以半个蒙山人“自居”了。两年的西部志愿服务生涯，给潘秉升和蒙山县之间系上了一条无形的绳索，他说，这不是离开，而是退居二线继续守护着这个家。

去年，记者在去蒙山县西河镇安富小学采访时，初次见到潘秉升。在学校里，几乎每一个学生都会和他热切地打招呼，因为孩子们知道，正是这个哥哥和他的伙伴的努力，帮大家争取到每天能吃上一个水煮蛋的爱心项目。除了爱心鸡蛋，潘秉升与其他的西部志愿者先后为当地孩子争取到活动图书馆、爱心冬衣等多个项目，为孩子们解决了生活和学习上的困难。

然而，潘秉升所做的这些，是一些“额外的工夫”。按照西部志愿者的工作安排，他仅是需要到西部地区的指定项目单位开展基层团组织服务工作。但他总是希望多做一点，用有限的西部志愿者服务时间，为更多的人服务。

潘秉升口中所说的“一点”，其实是不分时段的奔波。要争取志愿项目，就要实地了解农村留守儿童的生活情况。为此，他利用休息的时间，和其他志愿者一起去到学生家中家访。蒙山大部分地方为山区，不便的交通条件让潘秉升笑言有车坐已经很好了，因为大部分时间都需要步行。虽然相关的工作较难开展，但潘秉升却始终干得那样用心。“我希望通过自己的努力，让山区的孩子们多了解外面广阔的世界。”

眼下，潘秉升即将离开西部志愿者这个职位，他更加忙碌了。潘秉升告诉记者，他准备编制一本小册子，把这两年来的一些工作经验记录下来，交给下一届的志愿者。他还打算回到广东后，联合当地的一些爱心人士，给一些外出务工的梧州人、蒙山人提供一些力所能及的帮助。

潘秉升说，两年的西部志愿者生涯，让他对蒙山留下了深厚的感情，即便离开了，他仍会用其他的方式继续关心这片土地。

---

① 引自 http://www.wzljl.cn/content/2013-05/23/content_112065.htm。

课后讨论

1. 优良的道德传统具有强大的生命力，在我们的周围到处都有优良道德传统的光芒。试着从身边的人和事中找出几例加以说明。

2. 道德文明是文明社会的一个重要标志，就道德文明而言，我们离文明社会还有多远？

3. 结合自身的实际，谈谈在日常生活中应怎样树立诚信品质。

思 考 题

1. 道德的本质、功能和作用是什么？

2. 怎样理解为人民服务是社会主义道德建设的核心，集体主义是社会主义道德建设的原则？

3. 中华民族的优良道德传统表现在哪些方面？

4. 怎样认识和实践公民基本道德规范的具体要求？

5. 联系实际，谈一谈树立社会主义荣辱观的重要意义。

6. 谈谈如何加强个人的道德修养。

第六章 遵守社会公德 维护公共秩序

当良心、羞耻心、责任心和事业心在你的心灵中永远扎下根来的时候，你就会形成一种有道德的个性。

——(苏联)苏霍姆林斯基

公共生活的高度发达是现代社会的特点之一，社会公共生活的文明程度是社会文明程度的重要标志，个人的公共生活素质是个人素质的重要标志。同学们应学习和掌握社会生活领域的道德规范，自觉加强道德修养，锤炼高尚品格，养成良好的行为习惯。

一、公共生活与公共秩序

公共生活领域随着经济社会的不断发展而逐渐扩大，这是人类社会发展的必然趋势。在经济全球化加速发展的当代社会，公共生活日益成为社会成员生活的重要组成部分。

1. 公共生活及其特点

一般而言，公共生活是相对于私人生活而言的，两者既相互区别，又相互联系。私人生活往往以家庭内部活动和个人活动为主要领域，具有一定的封闭性和隐秘性。在公共生活中，一个人的行为，必定与他人发生直接或间接的关系。公共生活超越了私人生活的局限，具有鲜明的开放性和透明性，对他人和社会的影响更为直接和广泛。

人类社会的公共生活是逐步形成和发展起来的。在原始社会，生产力水平极为低下，人们为了抵御恶劣的自然生存环境，在以血缘为纽带组成的氏族部落共同体中过着群体生活，个人与群体天然一体，人与人之间的关系极为简单。在血缘群体内部，私人生活与公共生活在相当长的时期内是同一的。为了应对恶劣的自然环境、维持群体的繁衍和抵御其他群体的侵犯，相邻的血缘群体之间会进行某些交往，结成某种暂时的、松散的联合体，社会公共生活开始萌芽。生产资料私有制和阶级的产生，打破了原始社会中人们的交往基本以血缘为纽带的状况，社会交往得到一定程度的扩大，公共生活领域得到了较大的扩展。但是，在自给自足的农业社会中，商品生产与交换只不过是农业经济的“补充”或“偶然”活动，分散经营、彼此独立的小农经济没有也不可能产生紧密的社会联系，社会交往受到很大限制。随着社会生产力水平的不断提高，建立在现代大工业基础之上的生产和交往方式，使人类交往由偶然交往进入普遍交往阶段，“过去那种地方的和民族的自给自足和闭关自守状态，被各民族的各方面的互相往来和各方面的互相依赖所代替了”。伴随着资本主义现代化大工业的发展，人们之间的交往更加普遍和频繁，公共生活领域得到了极大的扩展。

当今世界，经济全球化趋势迅猛发展，极大地促进了人们之间的交往，公共生活的领域更为广阔，公共生活的重要性更加凸显。现代交通工具的便捷快速，使以前难以想象的洲际交往成为普通的事情。现代传媒手段的普及和推广，使人们可以真正做到“秀才不出门，尽知天下事”。20 世纪末以来，信息技术、互联网的迅猛发展正在把地球变成一个“村落”，人类的公共生活进入了一个崭新的阶段。

当代社会公共生活的特征主要表现在以下几个方面：

活动范围的广泛性。经济社会的发展，使公共生活的场所和领域不断扩展，从传统的公交车、影剧院、图书馆、公园、集体宿舍等到新兴的证券交易所、人才市场等，特别是网络使人们的公共生活进一步扩展到虚拟世界。人们即使足不出户，也可以通过电话、网络等现代通信工具介入社会公共生活。

活动内容的公开性。公共生活是最普遍、最基本的社会生活，它能为社会成员所享有，不具有排他性，它涉及的内容是公开的，没有秘密可言。

交往对象的复杂性。在很长的历史时期内，人们往往是在“熟人社会”中活动，交往圈子很小；当今社会的公共生活领域，则更像一个“陌生人社会”。人们在公共生活中的交往对象不再局限于熟识的人，而是进入公共场所的任何人。科学技术的迅猛发展和社会分工的日益细化，使人们更多地在公共环境中与陌生人打交道。

活动方式的多样性。当代社会的发展使人们的生活方式发生了新的变化，也极大地丰富了人们公共生活的内容和方式，比如商场购物、歌厅娱乐、广场漫步、公园休闲、图书馆学习、体育馆健身、互联网冲浪等活动，人们可以根据自身的需要及年龄、兴趣、职业、经济条件等因素，选择和变换参与公共生活的具体方式。公共场所的增加和公共设施的完善，也为公共生活内容和方式的丰富提供了良好的条件。

2. 公共生活需要公共秩序

人类社会是由以共同的物质生产活动为基础而相互联系的人们组成的有机整体。秩序之于社会，就像规矩之于方圆，没有规矩不成方圆，没有秩序社会便无法正常运行。秩序是由社会生活中的规范来制约和保障的。任何一个社会都有它的公共生活规范和要求。公共秩序是由一定规则维系的人们公共生活的一种有序化状态，主要包括工作秩序、教学秩序、营业秩序、交通秩序、娱乐秩序、网络秩序等。在当代社会，维护公共秩序对经济社会健康发展的重要意义愈加突出。

（1）有序的公共生活是构建和谐社会的重要条件

建立平等、互助、协调的和谐社会，一直是人类的美好追求。构建社会主义和谐社会，是中国共产党从全面建设小康社会、开创中国特色社会主义事业新局面的全局出发所提出的一项重大战略任务。

我们所要建设的社会主义和谐社会，是民主法治、公平正义、诚信友爱、充满活力、安定有序、人与自然和谐相处的社会。安定有序是社会主义和谐社会的重要特征，也是构建社会主义和谐社会的必要条件。一个社会安定有序，本身就是不同利益群体各显其能、各得其所而又和谐相处的表现。

当代社会的公共生活不但显示出了前所未有的广泛性和普遍性，而且对社会生产和生活的影响也是前所未有的。如果人们在社会公共生活中随心所欲、各行其是，整个社会就会处于无序的混乱状态，人民群众就不可能安居乐业，和谐社会也就无从谈起。因此，有序的公共生活是构建和谐社会的重要条件。

(2) 有序的公共生活是经济社会健康发展的必要前提

随着公共生活领域的扩大，个人活动对他人和社会造成的影响也越来越大。社会成员无论职业、地位、身份如何，只要进入公共生活场所，都应当自觉遵守公共生活规则，这是维护公共生活秩序，促进经济社会健康发展的必要前提。

在社会公共生活领域日益扩大的今天，生产活动与日常生活也出现了越来越多的交叉重合现象。例如，商场对于生产者、经营者来说，是销售商品、实现利润的场所；对于消费者来说，则是购买商品、满足生活需要的地方。电子商务改变了传统的面对面的交易方式，使网络不仅成为人们通信娱乐休闲的工具，而且也成为现代生产经营活动的重要场所。生产场所与生活领域交叉重合的情况，使公共秩序的状况对社会生产活动产生了直接的影响。有序的公共生活不仅有利于日常生活的和谐，也会促进经济社会的顺利发展。

(3) 有序的公共生活是提高社会成员生活质量的基本保证

追求更高的生活质量是全体社会成员的共同要求。在经济发展使人们的温饱问题基本解决以后，社会成员必将对进一步提高生活质量产生迫切的需求，人们更需要良好的社会风气和舒适的生活环境，这些都需要以不断维护公共生活秩序作为保障。良好的公共生活秩序，是社会成员生活质量提升的一个重要标识。

党的十六大提出了全面建设小康社会的新目标。全面小康以社会的全面进步为宗旨，其衡量指标不仅包括经济的发展和物质生活水平的提高，而且体现为人们精神生活更加丰富，居住和工作环境日益改善，人际关系更为和谐，生活舒适感和幸福感不断增强等。例如，对于居民来说，良好的居住条件不仅表现为更大的住房面积和更好的室内设施，也体现在居住环境优美、社区秩序井然等方面。

(4) 有序的公共生活是国家现代化和文明程度的重要标志

改革开放以来，我国经济飞速发展，综合国力显著增强，经济建设取得了举世公认的巨大成就。与此同时，政治建设、文化建设和社会建设取得了显著成绩。人们在公共生活领域的文明程度和秩序意识有了很大的提高，这是社会文明发展的重要表现。但我们也应当看到，在今天的公共生活中依然存在一些公德缺失的不文明现象，如：不爱护公物、随地吐痰、排队加塞、过马路闯红灯、在公共场合大声喧哗等。这些现象如果得不到及时有效的纠正，必然会损害社会公共生活秩序，进而影响整个社会的文明进步。

近年来，我国一些城市从建立良好的社会公共秩序入手，努力提高城市文明程度，成为文明城市建设的模范。在这些城市中，公共生活安定有序，公共场所秩序井然，环境优美干净，道路整洁通畅，社会风气健康向上，人际关系比较和谐，人民生活安居乐业，不礼貌、不道德、不健康的行为很少出现。这也从侧面说明，有序的公共生活已成为一个国家或地区现代化和文明程度的重要尺度。

专题链接

出国旅游，请注意你的形象[①]

日前有新闻报道说，欧洲酒店业发起的一项全球游客调查结果显示，日本游客形象最佳，来自一衣带水之中国游客却位居倒数第三，对我们这样一个文明古国和礼仪之邦而言，显然这并不是一个好消息。

随着中国公民出境游人数逐年增加，有一些游客随地吐痰、喧哗吵闹等不文明举止经常令人尴尬，也屡受批评。中央文明办、国家旅游局联合发布了《中国公民出境旅游文明行为指南》，给到国外旅游的中国公民提供了一个行为规范。具体内容包括：注重礼仪、保持尊严；讲究卫生、爱护环境；衣着得体、请勿喧哗；尊老爱幼、助人为乐；女士优先、遵守时间；不损用品、安静用餐；拒绝赌博和色情活动，不要冒犯习俗禁忌等。

外国人怎样看待中国游客呢？泰国人普遍认为，中国人关车门时声音太大，不明白是为什么。在泰国，大力关车门是对主人表示不满的行为，泰国人以为中国游客对泰国都不满意。

美国人反感中国游客随地吐痰，美国人每每谈起中国人，除了钦佩中国人手头阔绰，动不动就买三四块劳力士以外，最惊讶中国人的嘴上功夫，这嘴上的功夫第一就是乱吐痰，第二就是大嗓门。一个饭店或者一个会议场所，只要来了一群中国人，那里必定会热闹得像集贸市场一样。一些中国游客在公共场所大声喧哗，在餐馆里乱扔鸡骨头，穿着睡衣在旅馆大厅里乱走，已经给外国人留下了非常不好的印象。现在在美国许多著名的景区和酒店，随处可见中文的“请勿随地吐痰”“不要乱扔垃圾”“请排队”“请保持安静”“便后请冲水”等告示，这是专门对中国人的提醒，如此告示着实令人汗颜。

法国人认为，“中国人动静真大”。一次在卢浮宫里，当时大家正在屏息凝视着一幅幅精美绝伦的绘画时，突然听到一句乡音大喊：“蒙娜丽莎就在前面那个厅，快走啊！”名画近在咫尺，这无疑是一个振奋人心的消息。于是，这个团瞬间炸开了锅！大家你一言我一语，满心欢喜，迈着“急行军”的脚步冲向挂着这幅名画的展厅。到了展厅又把画围了个里三层外三层，别的游客根本别想靠近，他们相互招呼着，轮流与蒙娜丽莎合影，由于他们的声音太大，以至于博物馆的管理员走过去，提醒他们不要喧哗。

3. 维护公共秩序的基本手段

人类维护公共秩序的手段最初是自发形成的，随着经济社会的不断进步，公共秩序日

① 引自 http://comment.big5.gog.com.cn/system/2007/05/30/010059559.shtml。

益重要和复杂化，人类便愈加自觉地采用各种手段去维护公共生活秩序。在原始社会，原始人主要将图腾崇拜、禁忌、风俗等形式作为共同生活中必须遵守的规则。进入阶级社会以后，维护公共秩序的基本手段有了进一步发展。一方面，一些在长期公共生活中形成的、得到社会成员广泛认可的规范以民间风俗、礼仪和宗教教规、戒律形式继续发挥着作用；另一方面，一些公共生活中的基本秩序及其规范开始以成文法的形式出现，以强制的方式对人们在公共生活中的行为进行限制和规定，以维护社会的正常运行。道德和法律逐渐成为建立和维护社会秩序的两种基本手段。

公共生活中的道德和法律所追求的目标是一致的，都是通过规范人们的行为来维护公共生活中的秩序，实现社会稳定和经济发展。虽然道德和法律发挥作用的方式有所不同，但二者互为补充、相辅相成。道德规范作用的更好发挥，需要法律支撑；而法律作用的更好实现，则需要以道德建设为重要条件。良好社会秩序的形成、巩固和发展，要依靠道德，也要依靠法律。

在公共生活中，道德可以用来调节、规范人们的行为，预防犯罪的产生。道德是法律的补充。社会生活是纷繁复杂的，法律的属性决定了它不可能把复杂而广泛的社会关系全部纳入其调控的范围，因而其发挥作用的范围是有限的。道德发挥作用的领域更加广泛，它能够调整许多法律效力所不及的问题，不仅深入到社会生活中的各个方面，而且深入到人们的精神世界。个体道德素质和整个社会道德水准的提高，为法律的实施创造了条件。

总之，必须综合运用风俗、道德、纪律、法律等手段规范人们的行为，促使人们培养良好的行为习惯，约束和制止不文明行为，维护社会公共秩序，形成扶正祛邪、扬善惩恶、知荣明耻的良好社会风气。

专题链接

从“让座”看国外公德教育[①]

英国持徽章可要求座位。英国伦敦地铁当局发行了一种专门供怀孕妇女使用的特殊徽章，持有此种徽章的孕妇不必再拉着吊环站立乘车，可以理直气壮地要求别人让座。有关方面希望通过这一举措，鼓励孕妇为自己争取座位，也鼓励其他乘车者主动为孕妇让座。

韩国主动离座方便他人。韩国人看见有老年人上车，自己就会装作要下车状，主动离开自己的座位，而不是邀请老人来坐自己位置，为的是不给老人增加心理负担。韩国人认为，让座给老弱病残者是理所当然的，不会在乎是否得到了他人赞扬。

澳大利亚不让座就罚款。澳大利亚维多利亚州有条例规定，公车上必须给老年人和残障人士让位。该州还考虑制订新措施，要求乘客让位给老人、孕妇或病人，不然就罚款500澳元。在新条例中，身怀六甲的妇女、患病体弱的人，以及身上背着孩子者也将获得同等

① 引自 http://news.sina.com.cn/c/2006-06-05/09249121419s.shtml。

照顾。

法国让座需体谅老人心。在法国公共场合,地铁或公共汽车上,给老人让座要看情况。如果对方没有主动意愿找座位,或有什么表示希望别人让座,最好不要太主动让座,尤其不能说“您的年纪大,您坐吧”,以免引起对方反感。让座时,只需礼貌地说“您请坐”即可。

二、公共生活中的道德规范

公共生活是人们社会生活的重要组成部分,公共生活的秩序直接影响人们的社会生活质量,公共生活需要道德来约束、协调。自觉遵守公共生活中的道德规范,是锤炼高尚品格的重要途径。

1. 社会公德及其特点

社会公德是指在社会交往和公共生活中公民应该遵守的道德准则。《公民道德建设实施纲要》明确指出,社会公德“涵盖了人与人、人与社会、人与自然之间的关系”。在人与人之间关系的层面上,社会公德主要体现为举止文明、尊重他人;在人与社会之间关系的层面上,社会公德主要体现为爱护公物、维护公共秩序;在人与自然之间关系的层面上,社会公德主要体现为热爱自然、保护环境。

社会公德作为社会交往和公共生活中应当遵守的最基本的道德规范,其基本特征主要表现为以下方面:

继承性。千百年来,人类在共同生活、相互交往的过程中,形成了共同遵守的公共生活基本准则。这些准则凝结着人类的道德智慧,是社会公德的重要组成部分。如在人际交往中尊重他人、信守诺言,在公共场合注重礼貌、相互谦让等,无论在什么社会条件下,都是人们在公共生活中应当遵守的基本准则。

基础性。社会公德是社会道德体系的基础层次,是每个社会成员都应遵守的最起码的道德准则,是社会为维护公共生活而提出的最基本的道德要求。每一个社会成员都应当具备社会公德素养。

广泛性。社会公德是全体社会成员都必须遵守的道德规范,具有最广泛的群众基础和适用范围。任何一个社会成员,无论具有何种身份、职业和地位,都必须在公共生活中遵守社会公德。

简明性。社会公德大多是生活经验的积累和风俗习惯的提炼,往往不需要做更多的说明就能被人们理解,如讲礼貌、讲卫生、讲秩序等就是基本的生活共识,“不随地吐痰”“不乱穿马路”等公德规范,则更是简捷明了。

专题链接

社会公德的层次性[1]

在人与人之间关系的层面上，要做到讲文明礼貌，助人为乐。第一，是举止文明，接人待物要礼貌大方、和气、亲切、热情，但要适中，要懂规矩。第二，要平等地对待交往中的人，尊重他人的尊严、个性。不论自己地位高低，要注意平等待人。第三，在社会交往中要言而有信，言必行，行必果。

在人与社会关系的层面上，做到爱护公物，遵纪守法。没有秩序，社会就无法维持其正常的生活。遵守公共秩序意味着个体对纪律、规章、法律、法规等社会公约的遵守和敬畏，意味着个体对自己严格的自我约束和一丝不苟的奉献精神，意味着个体与社会的合作态度，其标准是不妨碍社会大众的权益与利益。遵守公共秩序，一种是有明文规定的，如交通规则，图书馆阅览室不许大声喧哗，这是带有一定强制性的；另一种是在社会生活中形成的道德经验和行为习惯，如购物时排队，按秩序上车等。

在人与自然关系的层面上，社会公德主要是保护自然环境，包括人化的自然环境。长期以来，人类没有意识到保护自然的重要性，对自然处于野蛮索取的状态，如贵州少数民族地区的“烧一山，种一坡，收一箩，煮一锅”等行为导致水土流失，近年来该地区水患频繁与此有着密切联系。又如人对自然的过度开发，导致动物生存环境遭到破坏，以至于很多动物种群濒临灭绝等。

2. 社会公德的主要内容

文明礼貌。文明礼貌是社会交往中必然的道德要求，是调整和规范人际关系的行为准则，与我们每个人的日常生活密切相关。文明礼貌是打开心扉的钥匙，是交流思想的窗口，是沟通感情的桥梁，它反映着一个人的道德修养，体现着一个民族的整体素质。我国是一个具有悠久历史的文明古国，素有礼仪之邦的美誉。今天，倡导和普及文明礼貌，是继承和弘扬中华民族传统美德、提高人们道德素质的迫切需要，是尊重人、理解人、关心人、帮助人，形成团结互助、平等友爱、共同前进的新型人际关系的迫切需要，也是树立中国人良好国际形象的迫切需要。

助人为乐。在社会公共生活中，每个人都会遇到困难和问题，总有需要他人帮助和关心的时候。因此，在社会公共生活中倡导助人为乐的精神，是社会主义道德建设的核心和原则在公共生活领域的体现，也是社会主义人道主义的基本要求。助人为乐是我国的传统美德，我国自古就有“君子成人之美”“为善最乐”“博施济众”等广为流传的格言。把帮助别人视为自己应做之事，看作是自己的快乐，这是每个社会成员应有的社会公德，是有爱心的表现。助人为乐对于我们每个人来说显得尤为重要，养成助人为乐的美德和习惯，将是一生取之不尽、用之不竭的精神财富，正所谓“赠人玫瑰，手有余香”。同学们应当“以团结互

① 引自 http://www.chinadmd.com/file/oaperwxevpvixvuiixttaeii_1.html。

助为荣、以损人利己为耻”，积极参与公益事业，力所能及地关心和关爱他人，在对他人的关心和帮助中获得人生的快乐。

爱护公物。对社会共同劳动成果的珍惜和爱护，是每个公民应该承担的社会责任和义务，它既显示出个人的道德修养水平，也是整个社会文明程度的重要标志。随着社会现代化程度的日益提高，社会的公用设施得到妥善保护并保持良好状态，是使公共生活有序进行的基本保证，也有利于每个人的工作和生活。如果每个社会成员都能珍惜、爱护公物，就意味着全社会的公共财物能够物尽其用，用有所值。如果社会公共财物遭到破坏，社会的利益就会受到损害。所以，每个有责任心的公民，都应当自觉爱护公共财物。

保护环境。保护环境主要是指保护自然环境，诸如水环境、大气环境、土壤环境、生态环境、矿产资源、动物资源等，也包括保护文物资源、文化资源、社会管理资源等人文环境。热爱自然、保护环境是当今时代社会公德的重要内容。热爱自然、保护环境，从根本上说，是对全人类的生存发展利益的维护，也是对子孙后代应尽的责任。作为社会中的一分子，我们要牢固树立环境保护意识，身体力行，从小事做起，从身边做起，从自己做起，带头宣传和践行环境道德要求。

遵纪守法。遵纪守法是社会公德最基本的要求，是维护公共生活秩序的重要条件。遵纪守法的实践是提高人们社会公德水平的一个重要途径。在社会生活中，每个社会成员既要遵守国家颁布的有关法律、法规，也要遵守特定公共场所和单位的有关纪律规定。在社会公共生活领域中，人员构成复杂，素质参差不齐，正常的生活秩序可能受到影响甚至被破坏，这就需要用纪律与法律来维护公共生活的正常秩序。同学们应当全面了解公共生活领域中的各项法律法规，熟知校纪校规，牢固树立法制观念，“以遵纪守法为荣、以违法乱纪为耻”，自觉遵守有关的纪律和法律。

专题链接

礼貌有度最难得[①]

(英)培根

只有内在品格很高的人，才可以不计较小节。犹如没有衬景的宝石，必须自身珍贵才会蒙受爱重一样。

深入观察人生就会看出，获得赞扬之道有如经商致富之道，正像一句俗话所说：“薄利才能多销。”同样，小节上的一丝不苟可赢得很高的称赞。因为小节更容易引人注意，而施展大才的机会犹如节日，并非每天都有。因此，举止彬彬有礼的人，一定能赢得好的名誉。这正如西班牙的伊丽莎白女王所说：“礼节乃是一封通行四方的推荐书。”

其实要习得优美的举止，只要做到细心就可以了。因为人只要不粗疏，他就自然会乐于观察和模仿别人的优点。礼节要举动自然才显高贵。假如在表现上过于做作，那就失去了应有的价值。因为举止优美本身就包括自然和纯真。有的人举止言谈好像在作曲，其中

---

① 引自 http://www.worlduc.com/blog2012.aspx?bid=6154188。

的每一音节都仔细推敲过。但这种明察秋毫的人，却不可能不见舆薪。也有人举止粗放不拘礼仪，这种不自重的结果使别人也放弃对他的尊重。

礼仪是微妙的东西。它既是人类交往中不可或缺的，却又是不可过于计较的。如果把礼仪形式看得高于一切，结果就会失去人与人真诚的信任。因此在语言交际中要善于找到一种分寸，使之既直爽又不失礼。这是最难又是最好的。

要注意——在亲密的同伴之间应注意保持矜持，在地位较低的下属面前不妨显得亲密些，这样才会倍受敬重。事事都伸头的人是自轻自贱并惹人厌嫌的。好心助人时要让人感到这种帮助是出自对他的尊重，而并非你天生的多情乐施。表示一种赞同的时候，不要忘记略示还有所保留——以表明这种赞同并非阿谀而经过思考。即使对很能干的人，也不可过于恭维，否则难免被你的妒忌者看作是拍马屁。在面临大事之际，就不要过于计较形式，否则将如所罗门所说："看风者无法播种，看云者不得收获。"只有愚者才等待机会，而智者则制造机会。总而言之，礼貌举止正好比人的穿衣——既不可太宽也不可太紧。要讲究而有余地，宽裕而不失大体，如此行动才能自如。

三、社会公德的实践与养成

在人类社会发展的进程中，社会公德作为社会公共生活中应当遵守的行为准则，成为整个社会道德体系的基础层次。今天，社会公德在维护公共秩序方面的作用更加突出。同学们应当自觉培养公德意识，养成遵守社会公德的良好行为习惯。

1. 我国当前社会公德的基本现状

改革开放为我国社会公德建设注入了新的活力。社会主义市场经济的发展使我国公共生活的领域进一步扩大，人们之间的交往更加频繁，一些新的社会公德规范和要求在实践中形成并被人们所接受。例如，人们在相互交往及公共场所活动时更加注意礼仪规范，更加注意言谈举止得体大方；一些行为礼仪越来越为人们了解、接受并逐渐成为习惯；热爱自然、保护环境的公德意识越来越深入人心，人们对待自然的态度和行为方式发生了重大变化等。

各种形式的社会公德建设实践活动蓬勃开展。从20世纪50年代以"五爱"为主要内容的道德教育，60年代起在全国掀起的学雷锋活动，80年代初的"五讲四美三热爱"群众性精神文明创建活动，到90年代及其以后以"讲文明树新风"为主题的创建文明城市、文明村镇、文明行业活动，以及社会各界组织的"希望工程""送温暖""志愿者""手拉手""春蕾计划""扶残助残""百城万店无假货""保护母亲河"等活动，都成为社会公德建设的良好载体，使人们通过亲身参与和体验增强了践行社会公德的自觉性。

当前，我国遵守社会公德的状况，总体是好的，但也存在着一些不尽如人意甚至令人忧虑的现象。比如，少数人缺乏基本的社会公德意识，一些人对社会丑恶现象听之任之，"事不关己，高高挂起"；一些人说一套做一套，常常为图一时方便或一己私利而违背社会公德。

对于同学们而言，应当认识到：我们每一个人都是传播社会公德意识和践行社会公德规范的重要力量。作为社会的一员，应努力培养社会公德意识，树立遵守社会公德的良好形象，争做践行社会公德的模范，以实际行动推动我国社会公德建设。

专题链接

天安门广场是张“社会公德考卷”[①]

社会公德是每个社会成员在公共生活中应该遵守的基本行为准则，违背公德的行为也是指那些常在大庭广众之下发生的事情，在天安门广场随手扔垃圾可算典型的不守公德。天安门广场周围，即使是游客很少的冬季，每天也能清理各类垃圾500多公斤，每天由40名30岁左右的小伙子进行清洁维护。这说明，来自全国各地游客中，相当一部分在天安门广场这张社会公德考卷面前不及格。而这多多少少可以反映出中国相当一部分人的道德素质状况。

社会公德是社会道德体系的最低线，包括遵守公共秩序、维护社会公益、爱护公物、保护自然环境等。如果一个人连最起码的公共生活准则都不遵守，很难想象他在社会生活中能有高尚的职业素养。从这个意义上讲，在构建社会主义和谐社会的今天，树立良好的社会公德，意义十分重大。

大力提高公德水平非一时之功，可能要经过几代人甚至更长时间。梁启超说过，我国民所最缺者，公德其一端也。说明问题并非出在当代。北京市社会科学院院长朱明德说，陋习是一些人在生活中一点一滴、日积月累形成的坏习惯，不是一朝一夕就能改掉的。值得注意的是，在天安门广场扔垃圾的大多数是成年人，小孩子反而不多。从中可以看出，社会公德教育在未成年人身上起了明显作用。但愿这一代人成人之后，天安门广场和各地公共场所扔垃圾的会明显减少。

2. 在实践中增强社会公德意识，践行社会公德规范

高等学校是建设社会主义精神文明的重要阵地和辐射源，对宣传、维护社会公德负有义不容辞的责任。社会公德与人们在公共生活中的实践活动有着紧密的联系。因此，培养社会公德意识离不开社会实践活动，同学们应当在实践中不断增强社会公德意识，努力做社会公德规范的传播者和践行者。

积极参与各种社会活动，在实践中培养社会公德意识和责任意识。参加志愿者服务等公益事业和社会实践活动对同学们了解社会、拓展实际工作能力，尤其是增强社会责任感有极大的帮助。培养社会公德意识的实践活动有很多具体方式，同学们既可以参加社会公德的宣传活动普及社会公德规范、传播文明新风，也可以结合自身的专业特点服务社会、回报社会；既可以参加学校组织的各种社会公益活动，也可以结合自己的兴趣爱好加入各种社会公益组织。参与社会公德实践活动本身就是一种学习，同学们可以从实践中体会到什么是符合社会公德规范的言行，什么是不符合社会公德规范的言行，从而在实践中不断提

① 引自 http://news.xinhuanet.com/society/2005-12/08/content_3894347.htm。

高自身的社会公德素养，并带动他人，影响社会。

从小事做起，从小节改起，带头践行社会公德规范。社会公德所规范的行为包括社会公共生活中最微小的行为细节，这些细节极容易被人们忽略，而它一旦被社会群体中的大多数人所忽视，往往就可能形成不良的社会风气。因此，社会公德意识要在点点滴滴的日常小事中培养，古人云“勿以恶小而为之，勿以善小而不为”，讲的就是这个道理。其实，践行社会公德并不难，提升敬人礼让的境界同样不难。比如，见到老师、长辈主动问候是讲社会公德；乘坐公交车主动为老幼病残孕乘客让座是讲社会公德；在银行、邮局等公共场所排队时自觉站在“一米线”外是讲社会公德；最后离开教室时随手关灯是讲社会公德；外出旅游时不在景点设施上随意刻画是讲社会公德等。社会公德的境界，就是在这些不起眼的一举手一投足间慢慢升华的。

专题链接

志愿者精神[1]

志愿者精神意指一种互助精神，它提倡“互相帮助、助人自助”。志愿者凭借自己的双手、头脑、知识、爱心开展各种志愿服务活动，帮助那些处于困难和危机中的人们。

前联合国秘书长科菲·安南在“2001 国际志愿者年”启动仪式上的讲话中指出：“志愿精神的核心是服务、团结的理想和共同使这个世界变得更加美好的信念。从这个意义上说，志愿精神是联合国精神的最终体现。”这句话指出了志愿精神的本质，表达了人们对志愿服务的由衷赞美。1994 年 12 月 5 日，胡锦涛同志在中国青年志愿者协会成立大会的贺词中指出，“使奉献、友爱、互助、进步的青年志愿者精神在青年一代中发扬光大”。当前，“奉献、友爱、互助、进步”的志愿者精神已广泛为社会所接受。

“奉献”。“奉献”指恭敬地交付、呈献，即不求回报地付出。奉献精神是高尚的，是志愿服务精神的精髓。志愿者在不计报酬、不求名利、不要特权的情况下参与推动人类发展、促进社会进步的活动，这些都体现着高尚的奉献精神。

“友爱”。志愿服务精神提倡志愿者欣赏他人、与人为善、有爱无碍、平等尊重，这便是友爱精神。志愿者之爱跨越了国界、职业和贫富差距，是没有文化差异，没有民族之分，不论高低贵贱的平等之爱，它让社会充满阳光般的温暖。

“互助”。志愿服务包含着深刻的互助精神，它提倡“互相帮助、助人自助”。志愿者凭借自己的双手、头脑、知识、爱心开展各种志愿服务活动，帮助那些处于困难和危机中的人们。受助者获得生活的能力后，也会投入到关心他人、帮助他人、为社会做贡献的志愿活动中，这些志愿活动都涵盖着深刻的“互助”精神。

“进步”。进步精神是志愿服务精神的重要组成部分，志愿者通过参与志愿服务，使自己的能力得到提高，同时促进了社会的进步。在志愿活动中无处不体现着“进步”的精神，正是这一精神使人们甘心付出，追求社会和谐之境的实现。

---

① 引自 http://www.baike.com/wiki/%E5%BF%97%E6%84%BF%7%A5%9E。

3. 网络生活中的道德要求

近年来，随着信息技术的迅猛发展，互联网开始构筑起一种全新的工作、学习和生活方式，成为重要的信息平台与交流工具。网络生活已成为同学们课余生活的重要内容，它包括信息采集、网上聊天、网络游戏、BBS论坛、网上交友等。

网络具有方便快捷、信息量大、覆盖面广的特点，可以成为同学们学习、交流的重要工具。然而，网络也是一把“双刃剑”，它既可能极大地促进社会的发展，又可能因使用不当或缺乏规范而损害社会公德、妨碍社会的发展。当前网络活动中存在着不少突出的问题，例如：网络色情信息泛滥，严重危害青少年的身心健康；软件、游戏、影视作品、音乐、书籍和论文等知识产权受到盗版行为的严重侵犯；电子商务活动中的欺诈与失信现象时有发生；传播计算机病毒和黑客对网络的破坏日益严重等。这些问题已对公共秩序和公共安全造成了极大危害，影响到一些同学的学习和生活，个别人甚至因此而误入歧途。由此可见，网络的健康发展不仅需要高科技作为重要条件，而且离不开伦理道德作为其发展的支撑力量。

网络生活中的道德要求，是人们在网络生活中为了维护正常的网络公共秩序需要共同遵守的基本道德准则，是社会公德规范在网络空间的运用和扩展。同学们应当积极倡导网络文明，坚持文明上网，养成科学、文明、健康的上网习惯，在网络生活中加强社会公德自律：

正确使用网络工具。网络是一个内容庞杂、覆盖面广的信息共享平台，人们可以通过网络便利地浏览新闻、查询资料、下载数据。同学们应当学会利用网络这一先进工具获取知识和信息，使之成为提高自己学习能力的重要工具。目前网络上存在不少虚假、低级庸俗甚至反动、淫秽和色情的内容，同学们要提高鉴别善恶美丑的能力，做到不涉足不良网站，不浏览不健康的内容。

健康进行网络交往。网络已成为一种人际交往的媒介和工具。人们可以通过网络进行收发邮件、实时聊天、视频会议、网上留言、网上交友等活动。进行网络交往时要做到诚实无欺，不侮辱、诽谤他人，更不能参与网络色情游戏、赌博等活动。同学们应通过网络开展健康有益的交往活动，在网络交往中树立自我保护意识，不要轻易相信、约见网友，避免上当受骗。

自觉避免沉迷网络。适度的上网对学习和生活是有益的，但长时间沉迷于网络对人的身心健康有极大损害。现实中存在着一些同学上网成瘾，沉迷于网络而不能自拔，进而导致耽误学业、甚至放弃学业的现象。值得同学们警惕的是，沉迷于网络尤其是游戏已成为近年来青少年刑事犯罪率升高的重要原因之一。我们每个人都应当从自己的身心健康发展出发，学会理性对待网络。

养成网络自律精神。网络的虚拟性以及行为主体的隐蔽匿名特点，不利于社会舆论监督作用的发挥，使得道德规范所具有的外在约束的效用明显降低。在这种情况下，个体的道德自律成了维护网络道德规范的基本保障。同学们应当在网络生活中培养自律精神，在缺少外在监督的网络空间里，自觉做到自律而“不逾矩”。

专题链接

莫让网络成为社会公德沦丧的"重灾区"①

今年9月份，10多万人参与投票的"网络十大不文明行为征集与评选活动"，评选出了网络十大不文明行为，包括：炒作色情、暴力、怪异等低俗内容；论坛、聊天室侮辱、谩骂；网络色情聊天；窥探、传播他人隐私……

"网德缺失"的危害是显而易见的。网上太多的欺骗，太多的随意攻击、发泄、恶作剧，使人们看到了太多人性的阴暗面；太多的不讲道德、规范，使不少人逐渐养成了藐视甚至反感道德规范的个性特征；凶杀、黄色内容的随意泛滥，扭曲了许多人的心灵。

网络道德教育包括生活在网络社会中的每个人。它不应仅仅作为应时之举，而应该作为社会道德教育的一个重要组成部分。加强网络道德建设，需要网络服务商、政府管理部门、学校等多方携手，综合运用经济、法律、行政和科技手段，创造促进人们思想健康发展的网络环境。将"网德"纳入公民道德建设范围，加大打击网上色情、诈骗等活动的打击力度。网络业界还应严格自律，清除网上不良信息，同时广泛发动网民对网络不文明行为进行监督。

毋庸置疑，我们每个上网的人都是网络道德的形成者，也是网络道德的受影响者。网络在推动社会进步的同时也赋予了人们更多可以翱翔的空间。快捷便利的网上生活、丰富多彩的文化信息是网络生命力之所在，也是网民急速增长的重要原因。但拥有私密性并不等同于自身的放纵。只有每个网民自觉文明上网，培养良好的上网习惯，构筑起抵制不良信息的"防火墙"，"网络道德"和谐的春天才不会远。

课后讨论

1. 依次写出令你深恶痛绝的十种不道德现象。

2. 某高校日前在一项调查中发现，大学校园里有一个奇怪的现象：100%的学生强烈反对校园里的不文明行为，但也是这100%的学生承认，校园里的种种不文明行为就发生在自己或同学身上。你认为症结在哪里?

3. 违反社会公德的行为有哪些? 你是如何看待的呢?

思 考 题

1. 当代社会公共生活的特征主要表现在哪些方面?

2. 怎样认识和实践社会公德的具体要求?

3. 怎样理解维护公共秩序对经济社会健康发展的重要意义?

4. 联系实际，谈一谈如何做网络文明的使者。

① 引自 http://www.cztvu.com/axjy/show.asp?id=1235。

第七章 培育职业精神 树立家庭美德

才能来自对事业的热爱，甚至可以说，才能实质上无非就是对事业的热爱，对工作的热爱。

——（苏联）高尔基

培育高尚的职业精神，树立新时代的家庭美德，都是树立社会主义荣辱观、锤炼人的优秀道德品质的重要环节。同学们除了自觉遵守社会公德外，还需要认真学习职业道德相关知识，树立正确的择业观和创业观；正确认识和对待爱情，了解、掌握道德对婚姻家庭的基本要求，这都会有利于我们每个人健康成长、顺利成才。

一、职业生活中的道德

职业活动是人类社会生活中最普遍、最基本的活动。职业道德，是指从事一定职业的人在职业生活中应当遵循的具有职业特征的道德要求和行为准则。它们广泛渗透于职业生活的各个方面，不仅对各行各业的从业者具有引导和约束作用，同时也是保障社会持续、健康、有序发展的必要条件。

1. 职业与道德

每一种职业都要形成相应的社会关系和利益关系，包括职业内部从业人员之间的联系，不同职业从业人员之间的联系，以及职业从业人员与广大职业服务对象之间的联系。正是在这些关系中，人们对从事不同职业活动的人提出了相应的要求；长期从事某种职业活动的人也逐渐养成了特定的职业心理、职业习惯、职业责任心、职业荣誉感等。

职业的发展、分化是一个历史过程，职业活动中的道德也有一个发展过程。职业的发展、分化主要表现为两个方面：一方面，随着生产力的发展，社会分工越来越细，职业领域越来越广，相应的职业道德也必然会越来越多；另一方面，在不同的历史阶段，同一职业活动的内涵、职责也会发生变化，从而使得同一职业领域的道德内容也会发生相应的改变。

职业道德体现的是从事一定职业活动的人们的自律意识。职业道德具有以下特征：

职业性。职业道德的内容与职业实践活动紧密相连，反映着特定职业活动对从业人员行为的道德要求。每一种职业道德都只能规范本行业从业人员的职业行为，在特定的职业范围内发挥作用。

实践性。职业行为过程，就是职业实践过程，只有在实践过程中，才能体现出职业道德的水准。职业道德的作用是调整职业关系，对从业人员职业活动的具体行为进行规范，解决现实生活中的具体道德冲突。

继承性。职业是在长期实践过程中形成的，会被作为经验和传统继承下来。即使在不同的社会经济发展阶段，同样一种职业因服务对象、服务手段、职业利益、职业责任和义务相对稳定，职业行为的道德要求的核心内容将被继承和发扬，从而形成了被不同社会发展阶段普遍认同的职业道德规范。

多样性。不同的行业和不同的职业，有不同的职业道德标准。

社会主义的职业道德是适应社会主义物质文明和精神文明建设的需要，在共产主义道德原则的指导下，批判地继承了历史上优秀的职业道德传统的基础上发展起来的。由于社会主义的各行各业没有高低贵贱之分，在职业内部的从业人员之间、不同职业之间以及职业集团与社会之间没有根本的利害冲突，因此，不同职业的人们可以形成共同的要求和道德理想，树立热爱本职工作的责任感和荣誉感。中国各行各业制定的职业公约，如商业和其他服务行业的"服务公约"、人民解放军的"军人誓词"、科技工作者的"科学道德规范"以及工厂企业的"职工条例"中的有些规定，都属于社会主义职业道德的内容，它们在职业生活中已经发挥了巨大的作用。

专题链接

哪些毕业生不受社会欢迎[①]

只"专"不活的人。这类学生拿过去的话说便是白面书生。学习成绩好自然是件好事，但对于成绩好的学生来说，如果因此而自满，则必然让人反感。企业的工作繁多，并非只有成绩好的人才能胜任。再者，成绩好的人有的只会读死书，缺乏社会经验，而缺乏协调性是十分不利的。

"尖利"不合群的人。学生时代独来独往是可以的，某些事情借助个人的力量也能够办到，且通过这些事可以表达出自己的意愿。但是，步入社会后人们要求的是通过群体活动来谋求一种协调性，有时个人必须做些自我牺牲。融洽相处可以和众多的同事一道共同创造一种"和睦"的气氛。工作上自我感觉良好，处处以自我为中心的想法和行为，其结果只能导致脱离群体。即使自己的意见是正确的，但有时会由于固执己见反而使自己处在不利的位置上。

"朝气不足"的人。企业进行的只是进入公司的考试，不可能知道应试者的一切。达到一定的标准，其后便是评价进入公司后实际能力的发挥。学生时代耗尽了精力，酷似大人而缺乏年轻人的朝气则被人视为元气不足。身体、行动、思维与老年人相差无几，使人敬而

① 引自中国教育在线网 http://www.eol.cn/mou_lue_4351/20060323/t20060323_30875.shtml。

远之。给人造成“能干点事”的印象尤为重要。

学无所成的人。大学是从事教育和研究的地方，在大学里致力于一种研究且取得成果，进行一些前所未有的尝试，热衷于某事且能积极投身其中，如果这样，公司对你的积极性和忍耐力就会给予高度的评价。

缺乏个性特点的人。总有些学生不善于口头表达，他们不具备凡事都说得有条有理的素质。作为大学毕业生，本身应当充满魅力，譬如说能给人以好感，总有吸引人的地方，身上有闪光的东西等，能够引起对方的注意是十分有利的。谈话明了风趣可以使人感到有人情味且给人以好感。

缺乏责任感的人。与无忧无虑的学校生活不同，进入单位后，每个人都要负一定的责任，缺乏责任感的人不但干不好自己的事，而且还会给别人的工作带来麻烦。

不善于与人相处的人。现代的工作往往要求众人彼此合作，不善与人相处的人，对于集体活动通常采取拒绝的态度，感情冷漠，不懂得关心与体谅他人，这显然会给集体的工作带来麻烦。

体弱多病的人。不管怎样，身体垮了就是自己的损失，平时要注意健康保护，千万不可掉以轻心。刚步入社会的年轻人尽管需要留神的东西是很多的，但首先要求自己得拥有能够适应环境的健康体魄。

2. 职业生活中的道德规范

社会主义的职业道德继承了传统职业道德的优秀成分，体现了社会主义职业的基本特征，具有崭新的内涵。

爱岗敬业。爱岗敬业反映的是从业人员热爱自己的工作岗位，敬重自己所从事的职业，勤奋努力，尽职尽责的道德操守。这是社会主义职业道德的最基本要求。

在社会主义条件下，对自己工作岗位的爱，对自己所从事职业的敬，既是社会的需要，也是从业者应该自觉遵守的道德要求。职业不仅是个人谋生的手段，也是从业者不断完成自身社会化的重要条件，是个人实现自我、完善自我不可或缺的舞台。个人的发展和完善不能仅停留在愿望和决心上，而应付诸现实的行动，没有行动，一切都会流于空谈。因此，爱岗敬业所表达的最基本的道德要求就应当是：干一行爱一行，爱一行专一行，精益求精，尽职尽责，“以辛勤劳动为荣、以好逸恶劳为耻”。这是社会对每个从业者的要求，更应当是每个从业者对自己的自觉约束。

诚实守信。诚实守信既是做人的准则，也是对从业者的道德要求，即从业者在职业活动中应该诚实劳动，合法经营，信守承诺，讲求信誉。

诚实守信是人类千百年传承下来的优良道德传统，在社会主义社会应该继承并使之发扬光大。诚实守信不仅是从业者步入职业殿堂的“通行证”，体现着从业者的道德操守和人格力量，也是具体行业立足的基础。在职业活动中，缺失了诚信就会失去人们的信任，失去社会的支持，失去成长和发展的机遇。诚实守信作为社会主义职业道德的基本要求，具有很强的现实针对性。由于我国社会主义市场经济还不完善，职业领域出现了一些不健康的现象，一些企业及其从业人员诚信的缺失，扰乱了市场秩序，给社会主义市场经济的顺利发展带来了负面影响，也败坏了一些企业的名声。因此，在社会主义市场经济条件下，加强职业领域的诚信道德建设，非常必要，十分及时。

办事公道。办事公道就是要求从业人员在职业活动中做到公平、公正，不谋私利，不徇私情，不以权损公，不假公济私，不以私害民。

在阶级对立和等级森严的社会中，职业有明显的高低贵贱之分，职业活动也必然由于服务对象的不同而体现出差异性，即所谓的富贵可重，贫贱可轻。在社会主义制度下，从业者之间以及从业者与服务对象之间都是平等的，他们的职业差别只是所从事的工作不同，而不是个人地位高低贵贱的象征。同时，职业的划分也不是为特殊的利益集团和个人创造谋取私利的机会，而是为了公平地满足人们的需要。所以，“以公道之心办事”就必然成为职业活动所必须遵守的道德要求。办事公道，就要做事讲原则，无论对人对己都要坚持实事求是，出于公心，不挟私欲，遵循道德和法律规范来处事待人。

服务群众。服务群众就是在职业活动中一切从群众的利益出发，为群众着想，为群众办事，为群众提供高质量的服务。

社会主义道德建设的核心是为人民服务，职业场所是体现这一核心要求的重要领域。职业活动使为人民服务获得了具体的内容和表现形式，为人民服务的道德要求也在职业活动中表现出强大的生命力。职业活动的属性、目的不是任意确定的，而是要基于群众的需要；职业活动的价值评判标准掌握在服务对象手中，因此，服务群众必然成为职业活动的内在需要。在职业活动中提倡服务群众，并不是一个高不可攀的道德标准。在社会主义社会里，每个公民无论从事什么工作、能力如何，都能够在本职岗位上，通过不同的形式为人民服务。每一个从业人员在职业活动中，都自觉遵循服务群众的要求，整个社会就会形成一种人人都是服务者、人人又都是服务对象的良好秩序与和谐状态。

奉献社会。奉献社会就是要求从业人员在自己的工作岗位上树立奉献社会的职业精神，并通过兢兢业业的工作，自觉为社会和他人做贡献。这是社会主义职业道德中最高层次的要求，体现了社会主义职业道德的最高目标指向。爱岗敬业、诚实守信、办事公道、服务群众，都体现了奉献社会的精神。

同学们学习职业道德知识，加强职业道德修养，对于今后从事职业活动具有重大意义。要从现在做起，在学习和生活中学会与他人合作。积极参加集体活动，力戒自由散漫，发扬团结协作的精神；敢于坚持真理，大胆探索，力戒消极保守，发扬开拓进取精神；提倡艰苦朴素，勇挑重担，力戒贪图享乐，发扬艰苦奋斗精神；养成执着认真、刻苦钻研的学习习惯，力戒浮躁不专，发扬精益求精的精神。同时，作为社会的一分子，同学们还应该自觉培养廉洁自律意识，提升人格境界，为今后在职业生活中全心全意为人民服务、依法办事、廉洁奉公打下坚实的基础。

专题链接

抗击SARS的勇士——钟南山[①]

钟南山，中国工程院院士，广州呼吸疾病研究所所长，联合国世界卫生组织医学顾问。

① 引自新华网 http://news.xinhuanet.com/newscenter/2003-05/09/content_863926.htm。

2003年初，非典疫情开始在广东肆虐，2003年的大年初三，钟南山临危受命，被任命为广东省非典型肺炎医疗救护专家指导小组组长，钟南山被推到了一场大战的最前沿。

在钟南山的指挥下，广州市呼吸疾病研究所逐步摸索出一套行之有效的治疗方案，大大提高了危重病人的成功抢救率，降低了死亡率，而且，明显缩短了病人的治疗时间。这套方案后来被多家医院所采用，成为通用的救治方案，同时，在钟南山的主持下，《广东省非典型肺炎病例临床诊断标准》也很快出台。

在非典造成恐慌的那些日子里，钟南山对疫情很有说服力的专业分析，他那种毫不畏惧、镇定自若的态度，还有他敢做敢当的气魄，给无数人以心理上的强大支持，让他们在希望和信心中渡过难关。钟南山在题为《坚持真理　勇于探索》的大会发言中说："在当好参谋上，我们的医疗卫生工作者在防治实践中没有推诿拖沓，没有门户之见，坚持不唯书，不唯上，只唯实，实事求是，坚持真理，独立思考，勇于探索，为省委、省政府每一阶段的决策提供了及时、可靠的信息。"

"医德的内涵是什么？我以为主要体现于'想方设法为病人看好病'。"钟南山如此诠释他的职业，在平和中实践着"奉献社会"的崇高人生目标和人生境界。

二、确立正确的择业观与创业观

就业是民生之本。同学们的就业牵涉本人和千家万户的利益，牵涉国家和社会的利益。每位同学都要面临就业和择业的现实。正确认识当前我国的就业形势，树立正确的择业观和创业观，坚定在艰苦中锻炼、在实践中成才的意志和信念，对于顺利地走进职业生活具有重要的现实意义。

1. 正确认识当前我国的就业形势

近年来，随着我国经济快速发展，就业再就业工作也取得了明显成效。但就业再就业形势依然较为严峻。当前我国的就业压力较大，造成这种局面的原因是多方面的。其一，我国人口基数大，需要就业的人员多，就业高峰持续时间长。近几年，随着高校招生规模的扩大，高等教育已步入大众化，大学生的就业高峰与全社会的就业高峰重叠，就业压力更加凸显出来。其二，就业机制有待完善。一方面，旧的计划经济体制的影响仍然存在并在一定范围内发生作用，用人机制还不健全，仍然存在很大程度上的计划安置，人才流动机制还有待完善；另一方面，劳动力市场发育不完善，劳动力要素的配置还未达到完全优化。其三，就业观念有待更新。当前在就业问题上，许多人的就业观念滞后，缺乏主动择业创业的积极性，"等""靠""要"的思想仍然存在，而且不从自身条件和现实环境出发，就业期望值过高。这些方面都对同学们的就业和择业产生了不利影响。

为了缓解就业压力，提供更多的就业机会，近年来国家采取了积极的就业政策。实践证明，国家实施的积极就业政策已经产生了实际的效果，近年来社会就业率和再就业率不断提高。因此，在就业问题上要看到问题的紧迫性，但也无须持悲观态度。

解决就业问题是一项十分复杂的社会工程，不可能一蹴而就。不仅要化解各种客观矛盾的制约，还需要发挥人的主观能动性，特别要重视消除主观方面的因素对同学们就业所造成的负面影响。

从实际情况来看，目前我国的就业形势是不少就业岗位并非人满为患，既存在着"人找岗位"的现象，也存在着"岗位找人"的现象。当前，比较突出的是结构性失业和摩擦性失业的问题。所谓结构性失业，是指需要就业的劳动者的职业技能、素质、择业观念与经济结构调整或生产技术转变带来的就业岗位要求难以适应，导致有工作不能干。由于涉及经济体制转换、产业结构调整和教育模式改革等问题，这种失业状况解决起来费力费时。所谓摩擦性失业，是指劳动者由于工作不如意，或者为了寻求更高的待遇和更好的发展机会而造成的暂时性失业。这种失业是市场经济条件下，人力资源配置过程中的一种常态，通过就业观念的引导和信息披露，相对而言比较容易化解。

此外，失业类型中还包括发展性失业和周期性失业。前者是指农村富余劳动力在向城镇转移的过程中，往往会造成一部分人处于失业状态。后者是指经济不景气所造成的对劳动力需求的萎缩，其对经济发展产生的负面影响最大，也是各国宏观经济政策力图降低的指标。这两种失业均是由社会客观因素造成的，与择业者主观愿望的错位关联不大。

从我国的就业形势和当前社会的实际情况来分析，要较好地解决目前的就业问题，固然需要党和政府为我们就业创造良好的条件和环境，但更需要同学们树立正确的择业观和创业观。

专题链接

累并快乐着[①]

王志斌：男，22岁，2005年7月毕业于北京林业大学草业科学专业，毕业后受聘到北京市平谷区平谷镇赵各庄村，担任村委会主任助理。

"大学生"和"村官"，长期以来在中国似乎是毫不搭界的两个字眼，何以在近日却紧密联系在一起？国家行政学院刘旭涛教授认为，这是人才培养和新农村建设的双赢之举。其一，这是人才培养和锻炼的新模式。人才培养要靠实践来磨炼。政府以一系列优惠政策吸引大学生当"村官"，为大学生在艰苦的环境下成长成才提供机会；其二，是建设社会主义新农村的有力举措。建设新农村，人才是关键。但长期以来我国的城乡二元结构使农村成为人才的"洼地"，人才似乎只有从农村到城市的单向流动。鼓励大学毕业生当"村官"，正是搭建农村人才"高地"、促进城乡人才双向流动、推动新农村建设的有力举措。对大学生来讲，在面临就业压力、人才闲置和浪费的情况下，到广大农村放手一搏也是一种相当不错的选择。

既然国家鼓励，社会需要，大学生应当以怎样的心态面对这一新的选择？农村的条件

① 引自 http://www.jobcn.com/hr/detail.xhtml?id=78765。

不如城里，农村对大学生成才的促进作用却丝毫不亚于城里。王志斌的经历代表着越来越多的大学生的心路历程，从初期的兴奋，到后来的“水土不服”，从放低姿态，到踏踏实实做事，这样的成长也是从艰苦中磨炼出来，“累并快乐者”，新一代大学生在新农村建设中迅速地成长起来。

2. 树立正确的择业观与创业观

择业和创业是每一个社会人都要面对的问题。“择”意味着选择、寻找、决定；“创”意味着开辟、创新、拓展。所谓择业是指个人根据自己的意愿和社会的需要，主动选择自己所从事的工作的过程；所谓创业则是通过发挥自己的主动性和创造性，开辟新的工作岗位、拓展职业活动范围、创造新的业绩的实践过程。在个人的职业生涯中，择业与创业并不是两个孤立的环节，择业是创业的基础，创业又是择业的内在要求。在实际生活中，择业和创业往往是相互联系、不能截然分开的。对于同学们来说，应该从以下三个方面努力，逐步树立正确的择业观。

树立崇高职业理想，重视人生价值实现。职业活动是人谋生的方式和手段，但职业对于人来说并非只有工具的意义，它还具有目的性，即它是人奉献社会、完善自身的必要条件。如果只是从个人的、工具性的和物质需要的角度来看待职业，就必然会忽视职业生活所具有的更丰富、更深刻的人生内涵。因此，树立崇高的职业理想，不仅是为了拓展职业的价值领域，更是为了提升人生观、价值观的境界。树立崇高的职业理想和坚定的职业信念并不是空洞抽象的话语，它具有很强的现实性或实践性，不应单纯地把职业看成是谋求生存的手段，更应把职业视为一生所追求的事业，它蕴涵着人们的人生理想和信念。

服从社会需要，追求长远利益。择业的标准是什么，择业的目的是什么，这是人们在择业时应首先明确的。据调查，目前一些同学在择业问题上注重选择“收入高”“工作条件舒适而稳定”“名声好”或者“社会地位高”的职业。仅从个人的主观愿望看，这样的选择也无可厚非。但是从客观现实来看，并不是所有的人都能按照自己的愿望选择职业。人选择职业，职业也选择人，这是一个双向选择的过程。择业固然要考虑个人的兴趣和意愿，但是，社会需求对择业有很大的制约性。从当前我国的就业形势来看，个人在就业问题上要更多地考虑到社会的需要，把自己对职业的期望与社会的需要统一起来，着眼现实，面向未来，既不好高骛远，也不消极被动，以积极主动的态度面对就业问题。

打下坚实基础，做好充分准备。择业需要以自身的能力和素质为基础。同学们要实现顺利就业，就应当树立独立生活意识，克服消极依赖思想。充分利用大学的美好时光，努力学习科学文化知识，打牢专业基础，锻炼能力，提高素质，完善自我。机会总是垂青于有所准备的人。一个人有了真才实学，能够适应多种岗位，就更有利于自己的就业。

专题链接

看别人的“脸色”，也是好专业①

“萨达姆有没有大规模杀伤性武器？假设他有，根据他的性格经历，请你分析他是否会动用或交出这些武器？”我掷出了这个“调皮”的话题，教室里的气氛一下子活跃起来，学员们兴奋地开始了讨论。随着心理培训课程的不断深入，这些人力资源部经理将掌握更多与员工沟通的技巧，实现公司内部的有机平衡。更让我欣慰的是，我曾经厌倦退缩的专业已然开花结果。

多年以前，我收到大学通知书的那天，是我悲喜交加的一天，我没考上第一志愿“经济”专业，而是被调剂到第二志愿“心理”专业。这使我陷入了无边的沮丧——尽管多年以后的事实证明这不过是闭塞山区信息不畅造成的“情报误读”——要我一个大男人，成天研看别人的“脸色”云山雾罩吗？

真正投身学习之后，我发现，它并不是我想象的那样晦涩、分裂、支离破碎、扑朔迷离，我更不是成天被“变态”“癔症”“呓语”这样的词汇纠缠。我在“心理学科”这一科学、健康、有序的理论系统内稳定运行。“应用心理学”更与现实生活丝丝入扣，“从站立姿势分析他们的相恋程度”，“从他进入招聘房间之前的种种细节判断这个人是不是理想中的求职心态”，这些看似浅显的现象，我们是从理论高度上去把握它们的。

等我准时到达招聘房间后，主考官看着我眯眯笑：“你就是那个‘心理大师’？来，你替我分析看，我是什么样的人……”我当然不会没礼貌地对考官品头论足，不过，那天的话题却是围绕“有趣的心理实验”和“如何调节公司里的员工情绪”而展开，比如，能否模拟加拿大麦克吉尔大学的“感觉剥夺”实验，让员工在不能与外界有任何接触的环境中待上半天，他们在百无聊赖之后会更深切地认识到，“只有通过更广泛的接触，才可能更多地拥有力量，更好地发展”。这一招对激励销售人员走出低谷、屡败屡战，尤其有用……

如今心理学科已经成了一门热门学科，在压力巨大的时代，不管是企业、个人都需要专业的咨询和“治疗”。今天的我，庆幸当初的误打误撞和之后的坚持，时代趋势不断变化，“冷门”也会变“热门”。

同学们除了要树立正确的择业观外，还应当树立正确的创业观。

一是要有积极创业的思想准备。择业是起点，创业是追求。如果一个人选择了职业之后却采取消极、应付的态度，就有可能失去已经得到的职业。创业是拓展职业生活的关键环节，在就业压力较大的社会环境中，创业意识强烈并且思想准备充分就能获得更好的发展机会，甚至还能帮助别人就业。当今社会中增添的许多新职业，既体现了新的社会需要，又体现了创业者的智慧和贡献。原劳动和社会保障部从 2004 年建立新职业信息发布制度以来，已经向社会发布了许多新职业，并确定了今后向社会定期发布新职业的工作程序。新职业的发布也昭示同学们：自主创业的天地广阔，大有可为。

---

① 引自 http://www.stuln.com/lilunketang/yxal/jxal3dj/2011-11-28/Article_79171.shtml。

二是要有敢于创业的勇气。创业艰苦磨难多。因此，只具有创业的思想准备是不够的，还需要创业勇气，有勇气者才敢于创业、善于创业和成功创业。勇于创业已经成为高等教育培养人才的一个目标。1998 年 10 月 5 日到 9 日，在法国巴黎召开的世界高等教育大会通过的《21 世纪的高等教育：展望与行动世界宣言》中指出，为方便毕业生就业，高等教育应主要培养创业技能和主动精神，毕业生将愈来愈不再仅仅是求职者，而首先将成为工作岗位的创造者。破除依赖心理和胆怯心理，勇敢地接受创业的挑战，做一个真正的创业者，这是我们每个人应有的精神品格和时代风貌。

三是要提高创业的能力。创业需要勇气，但需要的是智勇，而不是蛮干。创业不是追求时髦的感觉，而是获得成功的果实。个人在创业的问题上除了要具有立足创业、勇于创业的思想准备之外，还要努力提高自己的创业能力。既要不拘泥于陈式，又要充分考虑自身的条件、创业的环境等各种现实的因素。来过、走过、经历过的感受固然浪漫，但苦过、累过、成功了的收获才是宝贵的。打破“学历本位”的观念，树立“能力本位”的意识，努力提高自主创业的能力，是同学们需要不断提升的素质要求。

专题链接

从鸡蛋的“身份证”开始创业[①]

2002 年从复旦大学计算机专业毕业的本科生顾澄勇，如今成了“阿强”鸡蛋的年轻负责人之一。从复旦毕业 3 年多，顾澄勇已慢慢习惯了“小阿强”这个亲热的称呼。

当年决定回乡卖鸡蛋，顾澄勇是经过了深思熟虑的选择。面试了几家软件公司的他发现，自己对在计算机行业里的发展欠缺热情，而对生活了 20 多年的农村，却有着深厚感情。顾澄勇显示出他理智而富有眼光的一面：在工业、金融业内，信息化已经发展得相对成熟了，对一个计算机专业毕业生而言，不可能有太大的发展空间，而农业信息化的发展还是一穷二白，“起点越低越有发展空间”。

于是，顾澄勇做出了一个改变他人生轨迹的决定——回乡、养鸡、卖蛋。慢慢地，他发现农产品发展中的薄弱环节——质量。凭着计算机专业知识，他开始开发鸡蛋质量查询系统。半年后，“阿强”鸡蛋的“网上身份查询系统”研制成功，这在上海农产品中尚属首家。有了“身份证”的鸡蛋销量大增，仅半年时间，“阿强”鸡蛋的销量就比上年同期增长了 2.5 倍。接着，富有创意的顾澄勇又从包装开始重新打造自家的鸡蛋品牌。之后，他又开始攻关生产出附加值高的“阿强头窝鸡蛋”，单凭这一项，一年就可以多赚 35 万元……

一步步走向成功的顾澄勇，用自己的实力，一点点证明着自己当初抉择的正确。

3. 在艰苦中锻炼，在实践中成才

同学们在对待职业的问题上，除了要树立符合时代需要的择业观和创业观外，还应当

---

① 引自人民网 http://edu.people.com.cn/GB/44197/4083637.html。

具有在艰苦中锻炼、在实践中成才的准备和抱负。

在艰苦中锻炼是成才的必要条件。只有经过艰苦的锻炼方能成才，这是古往今来被反复证明了的一条人才成长规律。对于立志成才的每一个人来说，直面艰苦，才会使自己对客观现实、人生真谛和自我价值有更深层次的认识与更切实的体验，才能磨炼自己的意志，挖掘自己的潜能，发挥自己的才智。

从个人生存发展的小环境来说，同学们也许会遇到许多“艰苦”的考验，这些考验有来自学习上的，有来自工作上的，也有来自生活和家庭的，都会影响到人们的职业生活。每一种职业活动都包含着明确的责任和要求，任何从业者都必须受到约束和规范，这也会使人们产生“艰苦”的心理体验。因而，“在艰苦中锻炼”的本质，是对社会责任的自觉担当，也是对人生历程的自觉准备。

社会实践是锻造人才的“熔炉”。成为人才并不是可望而不可即的。人才不只是指具有特殊才能的社会精英，普通人同样也能成为人才。与时代发展需要相适应的新的人才观，强调“人才资源是第一资源，人人都可成才，人才就在群众中”，衡量人才应“不唯学历、不唯职称、不唯资历、不唯身份”，而应主要看实际能力和贡献。实践不仅是人才成长的动力，而且是衡量人才的标准。

一个人能否成才，并不取决于个人的一厢情愿，关键是能否把个人成才的主观愿望同社会发展的客观需要有机地结合起来，自觉地适应社会发展的客观需要。在祖国和人民的召唤与期盼中，去实现自己成才的理想，这样的成才目的才是明确的，成才的道路也才是宽阔的。

专题链接

在农村找到人生坐标[①]

“通过这两年的切身经历，我深深感受到：一个有抱负、有出息的青年，在农村也能找到人生坐标，实现人生价值！”河南浚县的“大学生村官”寿纪红，回顾自己从向往城市到扎根农村的择业转向，感慨万千。

2002 年，寿纪红从开封医专毕业，看到许多同学在城里找到工作，心里酸溜溜的，“好不容易跳出农门，谁不想留城里？”但寿纪红也看到，在机关、企事业单位精简机构、减员增效的重压下，不少毕业生本来很能干，但为了留在城里，宁愿把才能淹没在小职员的位置上。经历了犹豫、彷徨，彷徨、失望，渐渐地，寿纪红认识到：千军万马挤城市就业的“独木桥”，只会使“桥面”越来越窄，失望者越来越多。与其在失意中无奈地等待机遇，不如积极地寻找和开辟机遇。

机会终于来了。2003 年 7 月，“大学生村官”计划在河南省鹤壁市全面实施。闻讯后，寿纪红果断地报名参加了县里的选拔考试，当上了小河镇郝村村委主任助理。

---

① 引自 http://www.jobmd.cn/article/88003.htm。

任“村官”后，她发挥医疗专长，组织村里23名青年成立“爱心帮扶队”，为群众义务体检，为贫困户免费送医送药；她组织义务帮扶，捐款捐物，还每月义务为60岁以上的老人体检1次；她还为养殖户联系专家授课，提供市场信息和致富项目，使全村养殖户发展到220多户，群众年均增收近千元……“农村能锻炼人、造就人，特别是政府出台促进大学生回农村创业、就业的一系列优惠政策，到农村去能学有所用。”寿纪红说，“可以从中获得成就感，体现自己的人生价值，农村是个大舞台，在这里同样可以大有作为！”

当前大学生的就业形势依然严峻，大学生如何规划职业生涯，如何适时地调整自己的择业标准，审时度势，发挥专长，开创一片事业的天空，是一个值得思考的问题。机遇总是垂青有准备的头脑。攻读什么专业、持有何种文凭、来自哪所学校，这些都不重要，重要的是，今天的你，为明天的创业、成才储备了什么？

谁说在农村干没奔头？寿纪红便是一个择业农村、创业基层、成才一线的有力注解。虽然，她的转变并非自发，但却很成功。人们常说：是金子总会发光，但最重要的观念是，找准自己的定位，金子更要在适合自己的地方发光！须知，当你在选择别人的时候，别人也在选择你。心存大志固然应当鼓励，但不切实际的想法更容易让人想到四个字：心比天高。谨记，无论择业，还是创业，都不是凭运气，最终还是靠实力。而今后的成才，则更是学习、实践积累的厚积薄发。未雨绸缪，只有平时多思考、多准备，“战时”才不慌神、心有底。

三、树立正确的恋爱婚姻观

爱情是一个古老而常新的人生话题，是人生一道亮丽的风景线。所谓爱情，是指一对男女基于一定的社会基础和共同的生活理想，在各自内心形成的相互倾慕，并渴望对方成为自己终身伴侣的一种强烈、纯真、专一的感情。人生在具体的社会和文化环境中展开，理解和把握爱情的真谛或本质，要考虑具体社会历史条件的制约，考虑一定的文化传统、社会心理和风俗习惯的影响。

1. 爱情与人生

事业成功，往往与美好的爱情和美满的婚姻家庭密切相关。从恋爱到缔结婚姻和建立家庭，是人生需要经历的阶段。树立正确的爱情、恋爱与婚姻家庭观，遵守相关的道德和法律规范，处理好复杂的感情和人际关系，有利于同学们的健康成长、顺利成才。

(1) 爱情的本质与特点

所谓爱情是一对男女基于一定的社会基础和共同的生活理想，在各自内心形成的相互倾慕，并渴望对方成为自己终身伴侣的一种强烈、纯真、专一的感情。理想、责任和性爱是构成爱情的三个基本要素。

理想赋予爱情深刻的社会内涵，是爱情生长的内在依据。爱情是两个人感情的交融，是爱她(他)和自爱的统一:一方对人品的期望会影响另一方对人品的追求,一方对行为的认同会影响另一方行为的标准,一方的言谈会影响另一方心声的表露。这种人格上的相互映衬,志趣上的相互认同,就形成了双方对生活的共同理想,从而使爱情具有巨大的鼓舞力量,能够振奋人的精神,激发人的智慧,升华人的品德。性爱把爱情与人世间的其他情感,如亲人之爱、朋友之情或同志之谊明显区别开来,使爱情成为特殊的"情爱"。责任是对理想的性爱的升华,责任也因此成为爱情得以长久的重要保障,是坚贞爱情的"试金石"。古今中外,人们所赞美的爱情无不体现着恋人间为对方"忘我"的付出。这种自愿担当的责任,丰富了爱情的内涵,提升了爱情的境界。

上述三个基本要素构成了爱情的有机统一整体,它们的完美结合成就了人世间美好的爱情。理想的契合,使得爱情表现着恋人们对生活的希望和对未来的憧憬,使热恋中的人们焕发出极大的热情来克服生活中的消极和颓废。责任的担当,则使得爱情不是自私地占有对方的感情,而是自觉自愿地为所挚爱的人付出感情、担当责任。性爱的吸引,使得爱情打上了情爱的烙印,并把异性间的爱情与异性间的友谊根本区别开来。真正的爱情是生活的有机组成部分,体现着人的自然和社会的双重需要,并通过生活而获得充实的意义。

爱情的特点有以下几个方面:

平等性。爱情要求把对方看作是一个具有人格的实体。爱情作为人的生理和心理需求的高度统一,体现在恋人之间相互尊重、相互信任、相互关心、相互支持,这是平等的关系,不是依附的、占有的关系。平等性表现在爱情上,是以互爱为基础的,男女双方相互追求、相互爱慕,爱情才能产生和发展。

恩格斯说:"爱情是以所爱者的互爱为前提的。"互爱的内涵包括三方面的内容:其一,尊重对方自愿选择的权利,一方强制对方或勉强凑合都不是爱情。男女都有爱和被爱的权利。真正的爱情是以尊重对方自愿选择权利为前提的。其二,单相思不是爱情。其三,尊重对方的人格。现代社会中的女性走进了过去属于男性的天地,同样参与社会和对社会发展做贡献,男女双方在人格上是平等的。因此爱情要求两性合作、男女平等。

专一性。恩格斯指出,爱情按其本性来说是排他的。爱情一经产生,就具有这一特征。爱情的专一性、排他性说明对待爱情应该是严肃、慎重的态度。爱情的专一性、排他性表现在每个人只能同一位异性达到身心最深刻、最全面的融合。一个人如果同时爱上两个或更多的异性,那不可能是健康的、真正的爱情。现实生活中的许多事例告诉人们,爱情是一碗芳香的蜜糖,若不以忠诚和专一去维系,它最终会变成一杯难以吞咽的苦酒,只有对爱情忠贞不渝的人,才能享受爱情的甜美与幸福。

依存性。相互爱慕的男女双方,相互吸引,相互弥合。如果没有一方,似乎另一方就不能存在。在爱情中,双方在对方身上找到的是作为整体的自己,感情上相互眷恋,行动上相互依靠,生活上相互支撑。

专题链接

致橡树——舒婷[1]

我如果爱你——
绝不像攀援的凌霄花，
借你的高枝炫耀自己；
我如果爱你——
绝不学痴情的鸟儿，
为绿荫重复单调的歌曲；
也不止像泉源，
常年送来清凉的慰藉；
也不止像险峰，
增加你的高度，衬托你的威仪。
甚至日光，
甚至春雨。
不，这些都还不够！
我必须是你近旁的一株木棉，
作为树的形象和你站在一起。
根，紧握在地下；
叶，相触在云里。
每一阵风过，
我们都互相致意，
但没有人，
听懂我们的言语。
你有你的铜枝铁干，
像刀，像剑，
也像戟；
我有我红硕的花朵，
像沉重的叹息，
又像英勇的火炬。
我们分担寒潮、风雷、霹雳；
我们共享雾霭、流岚、虹霓。
仿佛永远分离，
却又终身相依。
这才是伟大的爱情，
坚贞就在这里：
爱——
不仅爱你伟岸的身躯，
也爱你坚持的位置，
脚下的土地。

(2) 爱情与友谊的联系

友谊与爱情是人类最圣洁的基本感情之一。真正的爱情一般是从友谊开始的，即由一般的广泛的异性友好关系发展到小范围的深挚友爱。在友谊的交往中，带有个人思想上的接近性，心理上的亲密性，通过友谊可以发现和了解自己，同时也能了解和仰慕他人。发生在异性身上，就给爱情的萌发打下了基础。可以说爱情的最初形式与友谊非常相似，它们的距离只有一步之遥。

爱情与友谊的区别主要表现在几个方面。首先，爱情是建立在性爱的基础上的一种渴望对方成为自己终身伴侣的强烈情感；而友谊是以共同的志趣、纯真的感情为基础的相互敬慕之情。其次，爱情是两个人之间的隐秘之情，它不允许第三者涉足其间。而友谊比爱情具有广泛性，不排斥他人。再次，友谊是不分年龄、性别的，而爱情一般发生在年龄相仿、相近的男女之间，这是因为爱情受到生理、心理条件的制约。第四，爱情是全面交往的结合，友谊则可以是某一方面的。

---

① 引自 http://zhidao.baidu.com/struct/questions/ff41162562415512e5823774.html。

日本一位心理学家提出了区别友谊与爱情的五个指标：一是支柱不同，友谊是理解，爱情则是情感；二是地位不同，友谊是平等，爱情则是一体化；三是体系不同，友谊是开放的，爱情则是封闭的；四是基础不同，友谊是信赖，爱情则是不安；五是心情不同，友谊产生充足感，爱情则充满欠缺感。爱情往往是从异性友谊发展而来的，但异性友谊发展成为爱情，还需要很多特殊条件。

专题链接

关于友谊的名言[①]

友谊是灵魂的结合，这个结合是可以离异的，这是两个敏感、正直的人之间心照不宣的契约。

——伏尔泰

友谊像清晨的雾一样纯洁，奉承并不能得到友谊，友谊只能用忠实去巩固它。

——马克思

真正的友谊无论从正反看都应一样，不可能从前面看是蔷薇而从后面看是刺。

——吕克特

友谊使欢乐倍增，悲痛锐减。

——培根

友谊总需要用忠诚去播种，用热情去灌溉，用原则去培养，用谅解去护理。

——马克思

开诚布公与否和友情的深浅，不应该用时间的长短来衡量。

——巴尔扎克

友谊不但能使人生走出暴风骤雨的感情而走向阳光明媚的晴空，而且能使人摆脱黑暗混乱的胡思乱想而走入光明与理性的思考。

——培根

友谊永远是美德的辅佐。

——西塞罗

友谊是天地间最可宝贵的东西，深挚的友谊是人生最大的一种安慰。

——邹韬奋

种瓜得瓜，种豆得豆。种下优惠的友情，得到仁惠的友情。

——郭沫若

2. 恋爱中的道德规范

男女双方培养爱情的过程或在爱情基础上进行的相互交往活动，就是人们日常所说的

① 引自：http://tool.xdf.cn/jdyl/result_fuertai.html。

恋爱。恋爱作为一种人际交往，必然也要受到道德的约束。恋爱中的道德要求主要体现在如下几个方面：

尊重人格平等。恋人间彼此尊重人格的表现，主要是尊重对方的独立性和重视双方的平等。恋爱的双方在人格上都是独立的，如果把对方当作自己的附庸，或依附对方而失去“自我”，都是对爱情实质的曲解。恋爱双方在相互关系上是平等的，都有给予爱、接受爱和拒绝爱的自由，放纵自己的情感或者对对方予以束缚或强迫，都不符合恋爱的道德要求。

自觉承担责任。自愿地为对方承担责任，是爱情本质的体现。无论对方处在顺境还是逆境，是富裕还是贫穷，是健康还是伤病，爱一个人或接受一个人的爱，就要自觉地为对方承担责任。责任的担当，不是单纯的“我的心中只有你”的反复吟唱，而是需要见诸行动的自觉。责任常常体现在生活的点点滴滴之中：爱情是风雨中共同撑起的一把伞，是暮色里急切盼归的一种情，是寒夜灯影下温暖的一杯茶……

文明相亲相爱。文明的恋爱往往是恋爱双方既相互爱慕、亲近，又举止得体，相互尊重，而绝不是在态度、举止、语言等方面的粗俗和放纵。恋人在公共场所出入，要遵守社会公德，不要对他人生活和公共生活造成不良影响。恋人独处，也要讲文明、讲道德。遵从恋爱道德，就是在现实生活中去维护真正的爱情，这是保持爱情长久的秘密所在。没有道德的护佑，爱情也不会长久。

爱情的艳丽花朵，要精心照料才会绽放得更加绚烂多彩。同学们对爱情应该持慎重的态度，避免在恋爱问题上把握和处置失当。

不能误把友谊当爱情。有些同学在与异性的交往中，不能准确区分友谊与爱情两种性质不同的感情体验，给双方平添许多烦恼。

不能错置爱情的地位。把爱情放在人生最高的地位，奉行爱情至上主义，沉湎于感情缠绵之中。这样的恋爱观，很容易导致对人生目标的误解。这样的恋爱态度不利于正确对待和处理恋爱过程中出现的矛盾与挫折，常常会使一些个人在求爱不成或失恋之后，情绪和行为失控，甚至产生悲观厌世情绪，导致严重的后果。

不能片面地或功利化地对待恋爱。无论是在自己心中勾画出一个脱离现实的恋爱偶像，还是片面追求外在形象，或者只看重经济条件，或者仅仅把恋爱看成是摆脱孤独寂寞的方式，都无法产生真挚的感情，也得不到真正的爱情。

不能只重过程不顾后果。如果“不在乎天长地久，只在乎曾经拥有”，把爱情当成游戏，既会伤害对方，也会伤及自己。

不能因失恋而迷失人生方向。恋爱过程是恋爱双方互相熟悉和情感协调的过程，恋爱成功与失败都是正常现象。年轻人应该失恋不失志，失恋不失态，失恋不失学，失恋不失爱。

鉴于这些问题，同学们在处理恋爱问题上应当处理好这样几种关系：一是恋爱与学习的关系。学习是求学期间的主要任务，同学们应把爱情作为奋发学习的动力，同时还应把是否有利于促进学习作为衡量这份爱情价值的一个重要的、特殊的标准。二是恋爱与关心集体的关系。恋爱中的双方不应把自己禁锢在两个人的世界中。脱离集体，会妨碍自身的全面发展与进步。三是恋爱与关爱他人和社会的关系。爱的情感丰富博大，不仅有恋人之爱，还有父母、兄弟、姐妹、同志之爱和对社会、国家之爱。只专注于对恋人的爱而忽视对他人和社会的爱，这样的爱情就会显得自私和庸俗；相反，对他人和社会具有爱心则会使爱情变得高尚和稳固。

对于我们每一个人来说，处理好恋爱中的各种关系，是对爱情的祝福，也是对自己的祝福，更是对未来人生幸福的祝福。

专题链接

恋爱是两个人的联袂出演①

爱是一种深情，也是一种能力，爱需要学习。就像舒婷的《致橡树》，爱情的双方是秉性不同的个体，而"婚姻像两个咬合的齿轮，我有的你没有，你有的我没有，就这样彼此纠缠着滚到生命的尽头"。也许，不是所有的爱情都能到"生命的尽头"，但恋爱却一定是两个人的合作过程，是两个人的联袂演出。

许多事情，特别是感情上的事，没有对错，只有是否适合。大学中的恋爱失败占多数，这时候的青年男女对待感情并不是很成熟。恋人之间很容易由于一些小事没有掌握好"度"的问题而擦肩而过，而这时候投入的感情都是最真实最深刻的，受伤在所难免。取得成功的人很少没有过失败，陷入"爱"的人很少没受过伤害。面对爱情，尽管智商会降低，但还要尽量清醒地意识到：恋爱是两个人的事，不是一方凌驾或屈服于另一个人。恋爱，也不是两个人的相互凝视，而是共同的面对这个世界。把握好"度"，多协商，询问对方的意见，考虑对方的感受，善于表达自己的感受，会使恋情更加顺利地进行下去，这也是获得相互尊重的平等的爱的基础。面对分手，痛，因为爱过；但不能消沉，时间会治愈伤痛，自己也要调整好心态。一方面，男女分手的大部分原因是因为不适合，要善于总结，从中汲取经验教训，获得心灵的成长，不要怀恨，不要消极报复；另一方面，要继续相信真爱的存在，认真而投入地面对下一份爱情。全心地付出，就像没有受过伤害一样，这才是积极的人生。就让过去的成为美好的回忆，让生活的现在和将来继续下去。

3. 婚姻与家庭

恋爱是缔结婚姻、组成家庭的前提和基础，婚姻和家庭则是恋爱的结果。婚姻和家庭是爱情在内容和形式上的升华。

婚姻和家庭是两个既密切相关又具有明显区别的概念。婚姻是指由法律所确认的男女两性的结合以及由此而产生的夫妻关系。家庭是指在婚姻关系、血缘关系或收养关系基础上产生的、由亲属之间所构成的社会生活单位。婚姻是家庭产生的重要前提，家庭又是缔结婚姻的必然结果，婚姻的成功体现为家庭的幸福，家庭的美满又彰显出婚姻的意义。

婚姻家庭关系是特定的人与人之间的特殊关系，具有自然和社会两重属性。婚姻家庭的自然属性，是婚姻家庭赖以形成的自然因素，具体表现为男女两性的差别和人类固有的

---

① 引自 http://marx.ujs.edu.cn/mks/end.asp?id=723&hqclassid=176。

本能，从而构成男女结合的生理基础和家庭成员关系在生物学上的特征，也体现了某些自然规律对婚姻家庭所起的制约和影响作用，如自然选择规律排斥近亲通婚等。婚姻家庭的社会属性，是婚姻家庭的本质属性，具体表现为婚姻家庭的产生、形成和发展变化，都取决于社会生产和社会生活的客观需要，并受到上层建筑诸因素的制约和影响，从而使其依存于一定的社会结构，具有特定的社会性质。由此可见，自然属性仅是婚姻家庭得以形成和发展的前提条件，社会属性才是婚姻家庭的本质所在。社会属性作为婚姻和家庭的本质，给人们理解和把握婚姻家庭的内涵与价值提供了重要的视角。

婚姻是家庭形成的必要条件，家庭是社会的重要组成部分。分析婚姻家庭的演变及其价值，不能仅仅局限在婚姻家庭生活的狭小范围内，而应当从社会历史发展的广阔视野中来把握。

婚姻家庭的和谐稳定是社会和谐稳定的基础。因此，注重把握婚姻家庭演变的规律和现实状况，妥善协调婚姻家庭关系，既关系千家万户的幸福，又关系人际关系的和谐，乃至社会的长治久安。

专题链接

婚姻是什么①

美国诺曼·莱特在其《幸福婚姻圣经》一书里告诉男人和女人：婚姻是一件特别的礼物。他说，成为福气，彼此都是自己配偶“收到的最美妙的礼物”，是为了带给配偶“快乐与满足”，把自己赠送给配偶，表达“一番深情厚谊”。莱特先生教诲作为夫妻的男女：“你给出的不单单是一件物品，还包括你的时间和精力”；要想好“怎么做，才能使配偶觉得自己得到了一件特别的礼物……怎样才能使配偶精神焕发，对生活充满信心”；“如果你的配偶是你得到的一件特别的礼物，你如何对待这件宝贝？你会给配偶最体贴的照顾、最深切的关怀、最精心的保护，把对方摆在你生命中最显著的位置上吗?”诺曼·莱特似乎只在提问题，其实一个个问题本身就是答案。

琼·桑德丝——《幸福健康的家庭》一书的作者，在书里说：“家庭是爱真正的学校”。她以女性独特的视角指出，人类渴望交往的冲动“心情”，根植于源源不断的爱，构成人的“情商”，而情商“是在家庭中形成的”；许多重要的价值观念，比如互相尊重、平等待人、关心他人、宽容忍让等，“是不能从书本中学到的”，“需要到实际生活中去体验、观察、实践”；如果不把家庭当作爱的学校，在家中给孩子“虐待或排斥”，孩子成长中心灵就会扭曲，心智就会发生障碍；如果把家庭当作真爱的学校，孩子们就会得到一种“受益于他人并从中感受到快乐”的生活态度与实践，在家学会爱父母、爱同伴，成家学会爱配偶、爱孩子。桑德丝的结语是：“人不能选择家人，只能学会与家人相爱。”

---

① 引自 http://www.sqrb.com.cn/gb/wbbm/2007-12/06/content_901524.htm。

4. 婚姻家庭生活中的道德规范

家庭美德在维系和谐美满的婚姻家庭关系中具有十分重要而独特的功能。家庭美德是每个公民在家庭生活中应该遵循的行为准则，涵盖了夫妻、长幼、邻里之间的关系。家庭美德的基本规范是：

尊老爱幼。中国自古就是一个非常讲求父慈子孝的国度，“老吾老以及人之老，幼吾幼以及人之幼”的观念深入人心，反映了人们对需要给予特别关爱的老人和儿童的深厚情感，因而成为世代相传的道德格言。老人对社会做出了贡献，又为抚养和教育晚辈付出了心血，当他们年老体弱时，理应得到社会、子女及家庭成员的尊重与回报。子女要尊敬、关心、体贴父母及长辈，自觉履行孝敬和赡养老人的法律责任和道德义务。儿童是国家和民族的未来，是社会和家庭的希望，在他们还不能自食其力时，需要得到成年人在物质和精神上的照顾与培育。在我国社会中，强调尊老爱幼具有很强的针对性，它对于解决日趋凸显的老龄化问题和独生子女的培育问题，都具有重要的意义。要保护老人、儿童的合法权益，坚决反对虐待、遗弃老人和儿童的行为。

男女平等。男女平等是我国重要的法律原则和道德规范，也是我国的基本国策。家庭生活中的男女平等既表现为夫妻权利和义务上的平等、人格地位上的平等，又表现为平等地对待自己的子女。在社会主义社会中，人与人之间的平等不仅体现在社会关系中，也体现在家庭关系中。家庭关系中的平等主要是人格平等，是权利和义务的平等。坚持男女平等，特别是要尊重和保护妇女的合法权益，反对歧视和迫害妇女的行为。

夫妻和睦。夫妻是家庭的主要成员，夫妻关系是家庭关系的核心。忠于爱情、互敬互爱，是夫妻和睦、婚姻美满的基础。中国历来用“相敬如宾”“琴瑟和谐”，以及“比翼鸟”“连理枝”等来比喻和形容夫妻之间的和睦关系。在封建社会中，夫妻和睦往往体现为妻子对丈夫的绝对依从。“三从四德”等陈腐的封建道德信条，严重伤害了妇女的身心。今天所强调的夫妻和睦，是在男女平等基础上的互敬互爱、互助互让。

勤俭持家。勤俭是家庭兴旺的保证，也是社会富足的保证。常言道“勤是摇钱树，俭是聚宝盆，奢懒败家门”。勤俭持家既要做到努力工作，勤劳致富，也要量入为出，节约费用。在大学里，经济条件差的同学应当勤俭以励志，经济条件好的同学应当勤俭以养德。同学们应当比品德、比学习、比情趣，而不能一掷千金，超前消费、攀比消费和负债消费，更不能向父母提出超越正常需要或超越家庭经济负担能力的不合理要求。

邻里团结。邻里之间既无血缘关系又无法定关系，而是一种地缘关系。在当代社会，一个家庭不可能孤立存在，而是处于多维的联系之中。当家庭遇到困难甚至发生危难时，首先伸出援助之手的往往是邻居，友邻的作用常常胜过亲戚朋友。搞好邻里团结重要的是相互尊重。要尊重邻里的人格、民族习惯、生活方式、兴趣爱好等，互相学习，取长补短。邻里之间长期相处，难免产生误会和矛盾，要本着互谅互让的原则，无理者主动认错，得理者宽以让人，这样才能化解矛盾纠纷，增进邻里感情。

专题链接

父母幸福就是最大幸福①

在刚刚过去的情人节里，不少大学生赶回南京与情侣约会，一对对情侣手执鲜花烛光晚餐的情景再正常不过了。但南大一名学生却过了个另类的情人节，他导演了父亲给母亲第一次送玫瑰的“好戏”，昨天，他把母亲手执玫瑰与父亲的合影发到了网上。

照片上一名中年妇女微笑着拿着一束玫瑰站在自己的老公身边。这位网名叫“mengyuan68”的大学生在给自己的父母拍的情人节合影下面的说明中提到，“在我的导演之下，爸爸第一次浪漫了一把，给妈妈买了一束红玫瑰，过了一个跟上时代潮流的情人节”。

这个帖子的人气在短短一天多的时间内就急剧上升到了 2 258 人，很多跟帖者对这位同学“导演父母情人节的浪漫”的行为表示了肯定。网友“bugyo”跟帖说，“真好，我也导演了一回，呵呵，我爸爸妈妈关系不怎么好。但是我在情人节早上使劲怂恿爸爸把一束花递给妈妈，向她说情人节快乐。那一刻家里的气氛好了好多”。网友“rakuwa11”则说，“呵呵，是我学习的榜样”。

更多的网友表示，“mengyuan68”的做法给了他们很多启示，以往在过情人节的时候就想着跟男女朋友在一起，根本就想不到两鬓斑白的父母。现在想想，应该多找些机会关心一下父母。爱他们，就要通过各种形式表达出来。正像网友“beidapig”在跟帖中所说的，“父母幸福，就是最大的幸福”。

课后讨论

1. 假设你是某电脑用品商店的员工，有一不懂电器的顾客来买××牌 UPS 电源保护器，用作电冰箱的电源保护器。事实上，这种电源保护器对保护电冰箱毫无用处。是卖还是不卖？谈一下你的选择及其理由。

2. 任何事情都有利有弊，求职和创业亦是如此。你了解自己的性格和特质吗？毕业后你会选择求职还是创业？

3. 爱情在你的大学生活、在你人生中居于什么位置？如何看待亲情、友情和爱情？

思考题

1. 如何理解职业生活中的道德规范？
2. 怎样树立正确的择业观与创业观？
3. 恋爱中的道德规范主要表现在哪些方面？
4. 联系实际，谈一谈你对于家庭美德的理解。

① 引自新浪网 http://news.sina.com.cn/s/2005-02-20/02545878798.shtml。

结束语 实现中华民族伟大复兴的中国梦

当今世界，和平、发展、合作是时代的潮流，世界多极化和经济全球化的趋势在曲折中发展，科技进步日新月异，综合国力竞争日趋激烈，各种思想文化相互激荡，世界力量的组合和利益分配正在发生新的深刻变化。在这个开放与变革共进、机遇与挑战并存的时代，一切不甘落后的国家和民族，都在审时度势，努力把握发展机会，以赢得自己在21世纪的战略地位。

2012年11月29日，习近平在参观"复兴之路"展览时指出："每个人都有理想和追求，都有自己的梦想。现在，大家都在讨论中国梦，我以为，实现中华民族伟大复兴，就是中华民族近代以来最伟大的梦想。这个梦想，凝聚了几代中国人的夙愿，体现了中华民族和中国人民的整体利益，是每一个中华儿女的共同期盼。"①

中华民族伟大复兴的中国梦，包含着丰富的思想内涵，其中最核心的内容是国家富强、民族振兴、人民幸福。

国家富强，是指我国综合国力进一步增强，中国特色社会主义事业进一步发展和完善。经济更加发达，科技创新在经济发展中的驱动力更加强劲，政治更加民主，文化更加繁荣，社会更加和谐，生态更加美好。

民族振兴，就是通过自身的不断发展与强大，继承并创造中华民族的优秀文化以及先进的文明成果，并将其传递给全世界，从而影响世界、改变世界，进而使中华民族再次处于世界领先的地位，再次以高昂的姿态屹立于世界民族之林。

人民幸福，就是人民权利保障更加充分、人人得享共同发展，生活在伟大祖国和伟大时代的中国人民，共同享有人生出彩的机会，共同享有梦想成真的机会，共同享有同祖国和时代一起成长与进步的机会。中国梦是国家的梦、民族的梦，也是每一个中国人的梦。

国以才立，政以才治，业以才兴。中国特色社会主义的建设和中华民族的伟大复兴是一项前无古人的伟大工程，它需要培养同社会主义现代化要求相适应的数以亿计的高素质的劳动者、数以千万计的专门人才和一大批拔尖创新人才。爱因斯坦曾指出："用专业知识教育人是不够的。通过专业教育，他可能成为有用的武器，但不能成为和谐发展的人。"因此，在实现中国梦的伟大征程中，同学们应该注重自身全面素质的培养。

要开阔视野、发愤学习，打下坚实的知识和理论功底。作为社会的一分子，同学们应以放眼全球的宽广视野，以赶超先进的雄心壮志，以中华民族自尊自强的豪迈气概，昂首阔步

① 习近平："承前启后继往开来继续朝着中华民族伟大复兴目标奋勇前进"，《人民日报》2012年11月30日。

地走向世界。同学们应珍惜年华，刻苦学习，掌握为祖国、为人民服务的真才实学。学习应该是全面与广泛的，同学们应当系统学习马克思主义基本原理，用辩证唯物主义和历史唯物主义武装自己，学会运用马克思主义世界观和方法论去认识和分析问题；系统学习毛泽东思想、邓小平理论、“三个代表”重要思想以及科学发展观等一系列重大战略思想，掌握中国特色社会主义理论的科学体系和基本观点；系统学习中国近现代史，了解国史、国情。同时，同学们还要认真学习人类创造的一切优秀文明成果，不断开阔视野，掌握科学方法，在改造自然和社会的伟大实践中不断丰富和充实自己的精神世界，在实现中国梦的伟大征程中大有作为。

要加强修养，磨炼意志、砥砺品格、陶冶情操，培养良好的思想道德素质。优良思想品德的养成对人的一生至关重要。没有好的思想品德，就不可能把学到的知识真正奉献给祖国和人民，也就难以大有作为。孟子曾经说：“天将降大任于斯人也，必先苦其心志，劳其筋骨，饿其体肤，空乏其身，行拂乱其所为，所以动心忍性，增益其所不能。”可见，要想获得卓越的才能，形成完善的人格，达到崇高的道德境界，就必须自觉地接受各种严酷环境的磨炼和艰难挫折的考验。孟子的这一思想不仅成为儒家学者自我修养的座右铭，而且已成为我们中华民族的伟大精神力量。千百年来，多少中华民族的志士仁人在这一精神鼓舞下，不屈不挠，艰苦磨炼，成就了无数惊天动地、可歌可泣的不朽事业。在实现中国梦的伟大征程中，同学们要注重思想修养，努力树立正确的世界观、人生观、价值观、道德观，这对自己一生的奋斗和成就将会产生长远而巨大的作用。同学们要在推动我国先进生产力和先进文化的发展中发挥积极作用，从自己做起，努力培养良好的品德，努力做中华民族传统美德的传承者，做体现时代进步要求的新道德规范的实践者，做新型人际关系和良好社会风尚的倡导者。

要脚踏实地、善于创造、甘于奉献，在服务祖国、服务人民的过程中实现人生价值。实现中国梦的伟大事业是异常艰巨的，需要全国人民付出长期艰苦的努力。巩固和发展社会主义制度，更需要几代、十几代甚至几十代人坚持不懈地奋斗。艰苦能磨炼人，创业能造就人。一切有志之士都应有更高的追求，都应为祖国、为人民多做奉献。同学们只有顺应社会发展的潮流，把个人的前途和命运与国家、民族的前途和命运紧紧地联系在一起，把个人的理想追求同实现中国梦的伟大事业紧紧联系在一起，自觉服务祖国，无私奉献社会，才能真正实现人生的价值。同学们要形成热爱祖国、服务人民、崇尚科学、辛勤劳动、团结互助、诚实守信、遵纪守法、艰苦奋斗的优良品德，成长为德智体美全面发展的社会主义建设者和接班人。

中国梦是国家的梦、民族的梦，也是每个中国人的梦。实现中华民族伟大复兴的中国梦，是一项光荣而艰巨的事业，需要脚踏实地依靠全体人民的创造性劳动，需要一代又一代中国人为之顽强奋斗、艰苦奋斗、不懈奋斗。空谈误国，实干兴邦，中国梦表达的不仅是一种未来的美好前景，而且它又要求现实的行动。为了实现中国梦，我们要树立为实现中华民族伟大复兴而奋斗的决心和信心，勇于担当，甘于奉献，从我做起，从今天做起。让我们与时代同发展、与祖国共命运、与人民齐奋斗，为实现中华民族伟大复兴的梦想做出自己应有的贡献！

参考文献

[1] 邓小平.邓小平文选.北京:人民出版社,1993.

[2] 马克思,恩格斯.马克思恩格斯选集.北京:人民出版社,1995.

[3] 毛泽东.毛泽东选集.北京:人民出版社,1991.

[4] 毛泽东.毛泽东文集.北京:人民出版社,1993.

[5] 罗国杰.中国传统道德(简编本).北京:中国人民大学出版社,1995.

[6] 江泽民.江泽民文选.北京:人民出版社,2006.

[7]《思想道德修养与法律基础》教材编写课题组.思想道德修养与法律基础.北京:高等教育出版社,2008.

[8]《思想道德修养与法律基础》教材编写课题组.思想道德修养与法律基础.北京:高等教育出版社,2010.

[9]《思想道德修养与法律基础》教材编写课题组.思想道德修养与法律基础.北京:高等教育出版社,2013.

[10] 公民道德建设实施纲要.北京:人民出版社,2001.

[11] 中国共产党中央委员会关于建国以来党的若干历史问题的决议.北京:人民出版社,1982.

[12] 中共中央关于加强社会主义精神文明建设若干重要问题的决议.中央文献出版社,2002.

[13] 中共中央文献研究室.毛泽东邓小平江泽民论世界观人生观价值观.北京:人民出版社,1997.

[14] 中共中央文献研究室.建国以来重要文献选编.北京:中央文献出版社,1993.

[15] 中共中央宣传部."三个代表"重要思想学习纲要.北京:学习出版社,2003.

[16] 中共中央宣传部.科学发展观学习读本.北京:学习出版社,2008.

[17] 中共中央宣传部.社会主义核心价值体系学习读本.北京:学习出版社,2009.

[18] 中共中央宣传部.七个怎么看.北京:学习出版社,2010.

[19] 中共中央宣传部.从怎么看到怎么办.北京:学习出版社,2011.

[20] 中共中央宣传部.理性看齐心办.北京:学习出版社,2013.

[21] 中共中央宣传部.改革热点面对面.北京:学习出版社,2014.

[22] 中共中央宣传部.习近平总书记系列重要讲话读本.北京:学习出版社,2014.

[23] 中央宣传部宣传教育局国家民委政策法规司.民族团结教育通俗读本.北京:学习出版社,2009.

[24] 中共中央文献研究室.十六大以来重要文献选编(上).北京:中央文献出版社,2005.
[25] 中共中央文献研究室.十六大以来重要文献选编(中).北京:中央文献出版社,2006.
[26] 中共中央文献研究室.十六大以来重要文献选编(下).北京:中央文献出版社,2008.

后　记

美国研究现代问题的著名学者阿历克斯·英格尔斯指出:“那些先进的现代制度要获得成功,取得预期的效果,必须依赖运用它们的人的现代人格、现代品质。无论哪个国家,只有它的人民从心理态度和行为上,都能与各种现代形式的经济同步前进、相互配合,这个国家的现代化才真正能够得以实现。”当代中国,要建设社会主义现代化,实现伟大中国梦,就必须而且应当注重人的现代化,注重人的心理、理想、态度、行为等方面的素质修养,注重人的道德修养,注重人的自由、全面而和谐的发展。

随着时代的发展,为体现中国特色社会主义理论和实践的创新成果,体现思想政治教育学科的新进展,结合远程教育的特点,在华东理工大学网络学院和华东理工大学出版社的大力支持下,本书得以立项、编写,并顺利出版。

本书的编写具体分为七个章节,内容覆盖完整,体现了系统性和整体性的特点,同时能够结合远程教育的特色,理论广度、深度、难度适中,适合在职人员利用零散时间进行学习。同时,在教材编写中更多引入案例,注重趣味性,吸引学生主动学习,以兴趣引导阅读。此外,本书在课后设置了自测环节,以帮助学生及时了解对重点知识的掌握程度等,充分体现了网络教育的特点和要求。

本书的编写主要由华东理工大学担任“思想道德修养与法律基础”课程的主讲教师完成,包含了这些教师多年教学积累的感悟。教材编写具体分工如下:主编卢杨负责本教材编写大纲、框架的设计和分工。第一章、第二章:朱建婷;第三章、第四章:易如;第五章、第六章:卢杨;第七章:张丽芬。华东理工大学马克思主义学院的汪碧云、包双叶、谭美学等教师和学生参与了本书的资料收集和部分初稿的写作工作,在此亦表示诚挚的谢意。此外,本书在编写过程中引用或参考了一些专家学者的研究成果,未予以一一注明,在此一并表示衷心的感谢。

本书在编写过程中,不足之处在所难免,恳请各方专家和读者对本书多提宝贵意见,以期不断补充和完善。

编者

2014 年 12 月